民國歷史與文化研究

十八編

第 21 冊

胡先驌年譜
（第十一冊）

胡 啟 鵬 著

花木蘭文化事業有限公司

國家圖書館出版品預行編目資料

胡先驌年譜（第十一冊）／胡啟鵬 著 -- 初版 -- 新北市：花
木蘭文化事業有限公司，2024〔民113〕
目 4+186 面；19×26 公分
（民國歷史與文化研究 十八編；第 21 冊）
ISBN 978-626-344-650-2（精裝）
1.CST：胡先驌 2.CST：年譜
628.08   112022508

ISBN-978-626-344-650-2

9 786263 446502

民國歷史與文化研究
十八編　第二一冊　　　　　　ISBN：978-626-344-650-2

胡先驌年譜
（第十一冊）

作　　者　胡啟鵬
總 編 輯　杜潔祥
副總編輯　楊嘉樂
編輯主任　許郁翎
編　　輯　潘玟靜、蔡正宣　美術編輯　陳逸婷
出　　版　花木蘭文化事業有限公司
發 行 人　高小娟
聯絡地址　235　新北市中和區中安街七二號十三樓
　　　　　電話：02-2923-1455／傳真：02-2923-1452
網　　址　http://www.huamulan.tw 信箱 service@huamulans.com
印　　刷　普羅文化出版廣告事業
初　　版　2024 年 3 月
定　　價　十八編 22 冊（精裝）新台幣 55,000 元　　版權所有·請勿翻印

胡先驌年譜
（第十一冊）

胡啟鵬　著

目

次

第十冊

第十一冊

第十二冊

1965 年（乙巳） 七十二歲

1 月 3 日，胡先驌致張肇騫信函。

冠超仁弟：

頃奉 12 月 29 日手書，藉悉一是。我現在正在總結 Hartia 屬標本，多定名為 H. kwangtungensis Chun=H. villosa Merr，多是新種，幾於每縣皆有新種，共約此屬有 30 餘種。王伏雄教授之花粉研究已證明 Hartia 與 Stewartia 截然不同，不能合而為一，也是此次的成績。此屬研究結束後，將已鑒定的標本（除模式標本外），即可寄上，林來官同志在我指導下完成一篇極重要關於柃屬的論文，對於種名亦有所更正，現在此屬計有 81 種，新種不多，從華南所借來的一千餘號標本都經他核對過，等他的論文完畢後（今年 5、6 月），全部兩廣的標本，皆可寄回。

關於厚皮香屬的研究收穫甚大，已詳前函，但研究尚未竣事。在海南發現的 Gordonia. crassisepata Hu 一新種，花大四出，萼片厚木質，極為特異，是海南工作站所採得，希望採得果標本。果想亦甚大，可分為一組，定為新屬恐不合。我先本擬在《海南植物誌》卷一，作為附錄發表，陳師不同意，則一時不能發表，正可等候採得其果再發表。

總之，在廣東尤其在廣西尚須作大量採集工作，據我看來在山茶科尤然。前得封懷來信，知華南植物園對於此科將作引種與系統研究，連國外聞之均表示興奮。我主張於 3、4 月趁林來官還未回福州的時候，命胡啟明來北所同我一齊整理此科文獻，對於此項工作獲益必大，我亦能作適當的貢獻，以後調新標本，必以屬為單位，庶不至引起華南所的困難，我也想在我的指導上培養啟明為山茶分類的專門人才，張宏達治學範圍廣，華南所有啟明為專科專才，亦不嫌重複也。

此頌

儷祉及年禧

驌 拜啟

1965 年 1 月 3 日〔註 2546〕

〔註 2546〕 胡宗剛撰《胡先驌先生年譜長編》，江西教育出版社，2008 年 2 月版，第 645
～646 頁。

野桃腮半綻新柳眼徐開林際禽㑇扑更柔
間燕已來東風昌萬彙時雨㧱千萎眺
聽饒生意春遊月來回

彬陶世姪屬書

懺盦胡先驌

胡先驌贈胡彬陶（中正大學胡光廷之子）書法

1月12日，胡先驌致龍榆生信函。

　　榆生先生惠鑒：

　　　　昨寄一書，亮可先達。勉為《丈室閒吟》作一短序，不知能愜
　　尊意否？尊稿中有數首或附注，擬從刪削，蓋以詞旨以婉約為宗，
　　過於露骨究非所宜，而小注尤宜慎重，不必盡以公之於世也。寄上
　　拙著詩稿一冊，聊供玩賞，萬勿轉示他人，以免引出意外糾紛為要。
　　照片翻印後，容後寄還。

　　　　此頌

　　春祺

胡先驌

一月十二日（1965 年）〔註 2547〕

1月20日，胡先驌致龍榆生信函。

─────────────────

〔註 2547〕　胡宗剛撰《胡先驌先生年譜長編》，江西教育出版社，2008 年 2 月版，第 646
　　　　　　頁。

榆生先生惠鑒：

　　得奉一月十六日手書，藉悉一是，貴恙不適於在上海過冬，一俟今年天候轉暖，疾患痊癒後，宜謀量移閩粵，只要無嚴冬之處，疾患即可不加劇，萬一所謀不能實現，則亦須每年往廣州度寒假也。歐陽先生《曉月詞》手邊已無抽印本，只我處尚存《文史季刊》一份，又不欲再出借。歐陽先生擬刊印單行本，將來當可奉贈，其《慢詞》亦當行，惜所作不多，不如只以此集問世，尚具特殊意義也。

　　專此

吟祺

　　　　　　　　　　　　　　　　　　　胡先驌　拜啟

　　　　　　　　　　　　一月廿日（1965 年）〔註 2548〕

　　1 月，《雕果茶屬—山茶科—新屬》文章在《植物分類學報》雜誌（第 10 卷第 1 期，第 25～26 頁）發表。摘錄如下：

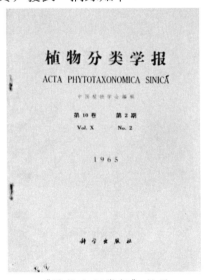

《植物分類學報》雜誌

　　雕果茶屬　　新屬　　Glyptocarpa Hu, gen. nov.

　　花兩性；萼片 4～5 枚，覆瓦狀排列，宿存；花瓣 12 枚（通常？），基部稍連合；雄蕊多數，4 輪，分離，花藥微成丁字著生，外向開裂；子房微呈 4～5 棱，4～5 室，頂端具 4～5 個淺裂瓣，每室具 3 胚珠，

〔註 2548〕《胡先驌全集》（初稿）第十七卷下中文書信卷，第 517 頁。

自室頂垂生，花柱 4～5 個，顯明，分別著生於子房淺裂瓣頂端，柱頭頭狀。果實開裂，爿裂 4～5，頂部寬裂，裂爿間具一極顯著孔穴，每個裂爿頂端具有 1 個與孔穴互生的小節結點，基部附有宿存小苞片及萼片，外果皮海綿狀，上部肥厚，中心軸極粗壯，頂端 4～5 棱。種子每室 3 枚，具凸起棱角，種臍小。常綠小喬木。葉互生，革質，邊緣有細鋸齒，具葉柄。花近頂生，單生，有梗；小苞片 5 枚，極不相等。

單種屬，僅見於我國雲南南部。

此屬多少與連蕊茶屬（Theopsis Nakai）相近，而以上述之果實特徵與之相區別。

雕果茶　新組合

Glyptocarpa camellioides Hu, com, nov. Pl. Ⅲ. Ⅳ

Pvrenaris camellioides Hu in Bull. Fan Mem. Inst. Biol, Ser. 8:135. 1936

補充與修訂描述：

果實近球形，有柄，高 4 釐米，徑 3.5 釐米，頂部寬裂，4～5 裂爿，裂爿間具一徑 5 毫米囊狀孔穴，裂開部分頂部 12 毫米，外果皮外面黑褐色，具小疣，中心軸長 2 釐米，頂端 4～5 棱，寬 1 釐米。種子具凸起棱角，亮栗褐色，長 13 毫米。

雲南：鎮康，海拔 2500 米，小樹，2～3 米，王啟無 72468 號（模式標本），1936 年 3 月；鎮康雪山，海拔 2850 米，小樹，高 3～4 米，常見，俞德濬 17071 號，1938 年 7 月。〔註2549〕

3 月 1 日，胡先驌致龍榆生信函。

榆生先生：

頃奉廿六日手書，並挽秉老詩，敬悉種切。前函亦早已收到，近來身體小有不適，而猝聞秉老逝世，尤為悲痛，非語言文字所能表達，故亦不能提筆為詩也。《曉珠詞》及照片均寄還，請將其海外所作為其手跡所未影照者，託人精抄釘成一小冊寄下，無任感荷，翻印僅取七八幀，且縮小，不必奉贈也。

〔註2549〕張大為、胡德熙、胡德焜合編《胡先驌文存》（下卷），中正大學校友會出版發行，1996 年 5 月，第 543～546 頁。

專此敬頌

時綏

先驌 拜啟

三月一日（1965 年）〔註 2550〕

4 月 2 日，填寫中國科學院植物研究所高等植物分類及植物地理研究室

研究成果鑒定表〔註 2551〕

中國科學院植物研究所高等植物分類及植物地理研究室 研究成果鑒定表	
成果名稱：高等植物分類學教科書 題目名稱：植物分類學簡編 　　　　　種子植物分類學講義 題目來源： 成果分類：學術性成果　　　　　　　　建議秘級：公開 主要研究人員（職務）：胡先驌（研究員）	
工作起止時間：自 1951 年至 1958 年	
研究人員簽字：胡先驌	
	時間：1965 年 4 月 2 日
備註：	

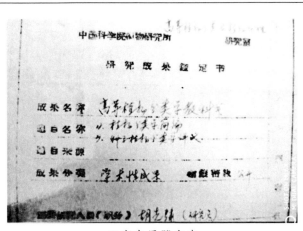

研究成果鑒定表

〔註 2550〕　胡宗剛撰《胡先驌先生年譜長編》，江西教育出版社，2008 年 2 月版，第 649 頁。

〔註 2551〕　胡啟鵬輯釋《胡先驌墨蹟選》（初稿），2022 年 2 月，第 268～269 頁。

4月22日，胡先驌致張肇騫信函。

　　冠超仁弟惠鑒：

　　　陳師來京，藉知南所近況。今年南所採集何時出發？與陳師討論兩廣大陸上所產的 Camellia furfuracea（Merr.）Cohen-Stuart 未採得花標本（雖有花白色的記錄），故與海南保亭深林中所採的黃花標本尚難確定，陳師主張追蹤採集，庶能解決此問題，請特別囑採集人員注意為要。

　　　此頌

時祉

　　　　　　　　　　　　　　　　　　　　　　　　驌 啟

　　　　　　　　　　　　　　　　　　四月廿二日（1965 年）

　　　再啟者：菲律賓所產的 Camellia megacarpa Cohen-Stuart 的說明，請人抄打寄下為荷。又及。〔註2552〕

胡先驌發表的論文贈給蔡希陶（胡宗剛提供）

〔註2552〕《胡先驌全集》（初稿）第十七卷下中文書信卷，第526頁。

　　4月，《中國山茶屬與連蕊茶屬新種與新變種（一）》文章在《植物分類學報》雜誌（第 10 卷第 2 期，第 131～142 頁）發表。摘錄如下：

　　1. **浙江紅花油茶**　新種

　　此種與中國所產其他種不同處在其極美麗甚大的紅花，有多個半宿存小苞片與萼片外面被銀灰色絲質毛，與其甚大有 3 至 5 室的蒴果，每室有 3 至 6 個種子。此種與南山茶（廣寧油茶，C. semiserrata Chi）不同處在後者有甚大的葉，只葉緣上部有齒，與其有較小漏斗狀花冠。其與栽培的滇南山茶（C. reticulata Lindl.）不同處在其無網脈的葉與被銀色絲質毛的萼片。其與山茶（C. japonica L.）不同處在其大蒴果有半宿存外面有銀色絹狀毛的小苞片與萼片。

　　此種栽培以供榨油用，但其油較油茶（C. oleifera Abel）的油品質較次。據目前所知此種自然產生於浙江南部、安徽南部、江西東北部、湖南南部與福建北部，海拔 600 至 1400 米處。

　　2. **大白山茶**　新種

　　此有趣的白花新種，屬於離蕊組，與格蘭丹山茶（C. granthamiana Sealv）相近似，不同處在其葉頂端長漸尖，幾無毛，有無毛的葉柄，其較小的花有高度連合幾近頂端的外輪花絲，及其 5 個分離有灰色毛的花柱。

　　此特殊山茶有甚大的觀賞價值並產食油，宜廣為引種栽培。

　　3. **博白大果油茶**　新種

　　此特異種屬於離蕊組（Sect. Heterogena），與克浦勒山茶（C. crapnelliana Tutcher）相近似，不同處在其灰綠色樹皮，較大薄革質葉具有較大而較開張的齒，較大的花具有被微細毛的花絲，與具微細毛的子房與花柱，尤在其紅色大蒴果直徑 7 至 12 釐米，具有甚厚木質果瓣與粗大棒狀中軸及大形暗褐包種子長與闊各至 17 毫米。

　　此種栽培作榨油用。

　　4. **茶梨油茶**　新種

　　此種屬油茶組，很似油茶（C. oleifera Abel），其不同處在其葉大，花大，具 8 至 13 個花瓣，雄蕊多數，花絲被微細毛，花柱同子房一樣被絲質毛，特別在其非常大、梨形、具 3 至 6 室的蒴果，直徑達 6 至 9.5 釐米。

它是含油率高的種，種子含油率 40%，油可供食用。

5. 宛田紅花油茶　新種

此種與中國產所有紅花種不同處在其葉密生具刺毛細鋸齒，尤在其甚大的蒴果有甚厚木質外殼及其大種子。其葉的鋸齒甚似恪力士山茶（C. grijsii Hce.）。

6. 南山茶　（《桂海虞衡志》）

此模式變種早經發現與發表，但據報告此變種與一白花變種在封開縣常見，因此陳少卿同志在 1963 年 12 月到該地作研究並採集臘葉標本，結果甚滿意。其紅花模式變種在此區甚為常見，土名牛牯茶；農民有時種植 1 至 2 株在他們家中供觀賞用。但在利水大隊，農民種此變種 380 畝，其中有白花的 17 株，下面將描述，此種可能栽植 3 至 150 年以上；如何與何時栽種無人知曉。此樹每年開花 3 次，開始 11 月、12 月至翌年 1 月，11 月與 12 月所開之花較小而不結實；1 月所開之花特大，亦產大果。雖在不同之地區命以不同之地方名，但無形態上之區別，惟陳少卿 18467 號有較闊的倒卵形葉，但此性質可能並不穩定足以作為區別。它產生甚大之果，最大之樹每年產 120 斤新鮮種子，曬乾後重 60 至 70 斤，可產食油 40 至 50 斤。果在 10 月中旬成熟，故為一種重要的油料植物。現該地林業幹部正積極推廣其種植。同時亦為極美麗的觀賞植物，倘加以良好育種工作，可與雲南著名的滇山茶（C. reticulata Lindl.）媲美。

雖在植物分類學此種僅在近年始顯於世，但古籍如《桂海虞衡志》與《本草綱目》早已記錄，名為南山茶，稱其果大如拳。此種美麗而又富有經濟價值之樹，到近年始經發現，殊為可怪；致使其名妄被加於 C. reticulata Lindl.，而今則稱為廣寧油茶或紅花油茶，故不得不加以改正。

7. 大果南山茶　新變種

此新變種與模式種不同處主要在花萼通常外面無毛與子房無毛。此變種在廣西分佈數縣，偶經栽培，油供食用。

8. 白花南山茶　新變種

此變種與模式變種不同處主要在其白色花。其果據說比模式變種的更大，而早兩星期成熟。

9. 越南油茶　新種

這個特異種在花白特徵上很似 C. gigantocarpa Hu et Huang，但果實和葉均較小。花柱分離為 3 至 5 個，有時連合至上部 1/3～1/4 處，但仍屬於離柱組。其與香港的 C. crapnplliana Tutcher 的區別是花較大，與 C. granthamiana Sealy 不同處是葉平滑，果瓣不為宿存的萼片所包圍。

此種在廣西南部栽培甚久，但傳說是自越南引種的，原產地不明。

10. 攸縣油茶　新種

此種屬於油花組，極似油茶（C. oleifera Abel），不同處在其較大較薄闊倒卵形的葉，蒴果亦較小而果瓣較薄。

種子的含油率似 C. oleifera Abel；油的用途亦同。現湖南正大力推廣引種。

金花茶照片

11. 金花茶（廣西土名）

學名改為：*Theopsis chrysantha* Hu, *sp. nov*

此種與中國產的其他種不同處，在其較大金黃色花有 3 個分離無毛花柱與其較大的果，其甚長窄矩圓形至披針形葉亦與他種不同。

此種具有金黃色花有甚高的園藝價值，其花浸水中可染深黃色，雜交後可能產生黃色芳香山茶品種。

【箋注】

1960 年 12 月 25 日,廣西藥物研究所的科學工作者黃逢生、吳欣芳,在廣西南寧地區邕寧縣,在海拔 100～200 米低緩丘陵,排水良好的陰坡和土質疏鬆的溪水邊,發現了花冠金黃,具有蠟質光澤的茶花,這茶兒晶瑩油潤,玲瓏剔透,秀麗雅致,花冠形體各異,光彩奪目而不知其名植物。採集標本為 17530 號,現存廣西藥物研究所標本室。當時工作人員採集該植物後,不知何種植物,送廣西農科院,專家未能鑑定,後轉入中國科學院植物研究所,植物分類學工作人員都不能鑑定為何種名稱,1963 年 1 月 30 日,最後又轉入到胡先驌手中。經胡先驌反覆認證,鑑定為中國山茶一種——金花茶。命名為 *Theopsis aureiflora* Hu.由於該新種的花為金黃色,就給它取名為金花茶,用 aureiflora——「金環色的花」作其拉丁種加詞。1975 年,日本茶花專家在《日本植物雜誌》第 50 期,以拉丁文正式發表,將金花茶由連蕊茶屬改在為山茶屬,其拉丁學名為 *Camellia chrysantha*(Hu)Tuyama.

12. 衛矛葉連蕊茶　新種

此種與中國產的其他子房被毛的種不同處在其薄革質、闊橢圓形、暗綠色的葉有密生銳尖頭細齒,基部常楔形,小苞片及萼片早落,4 個匙形花瓣及其有微細毛的花絲,外 2 輪基部微連合,內輪 8 個分離。

13. 長梗連蕊茶　新種

這一個有趣種與所有其他種的區別點在於其相當大的具長梗的白花以及它的雄蕊花絲長連合,及無毛的具有 3 個分離花柱的子房。

14. 龍巖山茶　新種

此種與 T. punctata(Kochs)Hu 相近似,不同處在其小而薄的葉有刺毛狀細鋸齒與兩面皆有網狀脈,與其較大的花有被帶黃色茸毛的子房及較短的花柱。〔註 2553〕

5 月,撰寫《近年動態分類學的發展》論文,作為會議交流。摘錄如下:
近年研究植物區系發生的植物學家,將植物分類學分為靜態分類學與動態分類學。研究現在存在植物的分類稱為靜態分類學;研究植物系統發育稱為動態分類學。關於靜態分類學方面所涉及的問

〔註 2553〕張大為、胡德熙、胡德焜合編《胡先驌文存》(下卷),中正大學校友會出版發行,1996 年 5 月,第 547～551 頁。

題，我在《科學》第 34 卷第一期所載的「植物新系統學引論」一文中已有討論，這裡不再重提，而專討論動態分類學。在討論動態分類學之先，首先須討論分類群的形成（taxo-genesis）。大的分類群，如屬、科、目、綱、門等的形成，常須經過漫長的時間，故不能用試驗與分析的方法，只能用比較、綜合與推論的方法。至於種以下的最低小分類群，則其區別常不顯著、且其成立的時間至為短暫，使我們不敢貿然承認它為分類群。這類的微小分類群不斷發生，每每自生自滅，只有一小部分能逐漸成立通常成為物種以下的分類群，這在靜分類學的範圍內，已經討論過了，茲不贅。

　　……

動態分類學的研究方法

　　動態分類學所研究的目標為各級分類群的系統發育，則其方法必為歷史的，而少有可能是試驗的，因為時間不容許我們來做試驗。故研究分類群的系統發育，較研究個體發育為困難。研究系統發育，必須研究系統發育群（genorheithrum）。系統發育群與分類群不同，而為在一順序時間內系統相連而又空間有限的若干分類群的組合。這種研究的困難，在於難於獲得相連續的分類群之間的隔斷的完全知識。故系統發育，不能或少能被用為分類系統的基礎。一個分類系統必須以現存的植物世界為基礎，然不憑藉化石而研究系統發育，則又完全不可能。

　　現在研究植物的系統發育，必須研究新形態學（new morphology），而研究新形態學，首先須研究頂枝學說（telome theory）。現在的新形態學，一般皆由頂枝學說出發。

　　……

　　在植物演化中性狀的另一重要的分化是為胞子軸生性（Stachyospory），即胞子囊生於軸的頂端，或胞子葉生性（Phyllospory），即胞子囊生於葉（複合頂枝）上。胞子軸生性一般見於較低的系統發育群，如裸蕨植物，石松植物，楔葉植物或蘚苔植物，在較高的系統發育群中，則此兩種情況分別較不明顯，如紫杉目、松杉目、蓋子植物（Chlamydospermae，麻黃目、買麻藤目等）則主要為胞子軸生性的，而種子蕨目與蘇鐵目，則主要為胞子葉生

性的，故可將此數門或綱分屬於軸生胞子與葉生胞子而更高的分類群之下。

被子植物的系統發育

在各門莖葉植物中，被子植物的系統發育，曾引起最多的爭辯。在過去多心皮類與單被花類各被認為最原始的被子植物，多心皮類一般皆被認為最原始、因其基本模式可引人認花乃為生殖功能而專化的短枝之故。至關於單被花植物，則爭論最大。有人認為原始，有人則認為後來簡化的。

……

關於被子植物的系統發育，所以有如此紊亂的爭執，可以一個原因以解釋之：Axelrod 估計一個主要的植物群自其最初出現至其占統治地位，約須經過三千萬年之久。被子植物是我們今日占統治地位的植物群，則可以設想下一個占統治地位的植物群現在已經存在，或因此被子植物顯得紊亂，故除非古植物學能供給以更多的光明我們是無法以解釋達爾文所謂可惡的神秘的。因為我們不能說被子植物中哪一群是將來占統治地位的群，是否單被花類是正在衰退的群，而多心皮類是將來占統治地位的群，對於這種問題，只能以問號作答。

我們以後的研究工作，除了繼續用靜態分類學方法儘量研究各地區的植物區系外，還要繼續研究被子植物各代表科、亞科與屬的生命循環。我們尤須研究被子植物的雙重受精與胚乳的發育的相同與不同處。我們還須研究胚胎、花的解剖與花的個體發育以及遺傳因子與性狀的相互關係，基因的化學，形態發育的化學與生理學，以及誘致的突變等等，才能希望對於被子植物的系統發育，獲得更多的瞭解。〔註2554〕

夏，為《柳詒徵詩集》作序，收入柳曾符所編《劬堂學記》，上海書店出版社，2002年版。

戊午執教南庠，得納交耆儒柳翼謀、王伯沆兩先生，朝夕請益，所獲良多。王公貌清臞，善談詩，每深夜煮茗，清言紛出，如鳴泉瀫瀫，行山石間，沁人心耳；柳公則豐頤廣顙，鬚髯如戟，縱論吾

〔註2554〕《胡先驌全集》（初稿）第一卷植物學論文，第500～509頁。

國五千年文化興衰之跡，如指諸掌，聲調砑訇震屋瓦。復檀書法，矯健波礫，筆力橫恣，平視李梅庵，曾家聲無愧色。其為詩也，與冬飲異趣，不以雕鑴雋永見長，雄篇巨製，出入杜、韓，梅村、樊山非其儔也。甲乙以還，主缽山圖書館，網羅文獻，刊印秘笈，惟力是視，遂使龍蟠書藏，聞名海內，鐵琴銅劍、天一、海源，不能專美於前也。

余自癸亥重赴外邦，戊辰又北來主持靜生調查所事，音問雖時通，而不克奉手也。甲戌把晤於匡廬，曾乞公序吾詩，自後日寇入侵，烽燧遍地，遂絕音問。乙丑後，始知公主滬文物保管委員會，匆匆數年，遽歸道山。人生聚散無常，如飄蓬斷梗。回憶少年觴詠交遊之歡，有若夢寐，篤念故交，涕下如綆矣。哲嗣女公子定生能繼父業，今以書來，言編次公詩稿已竣，屬為弁一言，爰述吾二人交往離合之跡，聊志鴻爪，惜未能具析公詩之精髓奧秘，只以增愧爾。

　　　　　一九六五年乙巳夏新建胡先驌序於北京寓齋。

【箋注】

柳詒徵（1880 年～1956 年），字翼謀，亦字希兆，號知非，晚年號劬堂，又號龍蟠迂叟，江蘇省鎮江人。17 歲考中秀才，後就讀三江師範學堂。1914 年 2 月，應聘為南京高等師範學校國文、歷史教授；1925 年北上，先後執教於清華大學、北京女子大學和東北大學；1929 年任教中央大學，並曾任南京圖書館館長、考試院委員、江蘇省參議員。學者、歷史學家、古典文學家、圖書館學家、書法家，中國近現代史學先驅，中國文化學的奠基人，現代儒學宗師。

【箋注】

胡先驌之序柳詒徵詩集，係柳詒徵之女柳定生所請而寫，收入《劬堂學記》（上海書店出版社，2002 年），該書為柳詒徵之孫柳曾符所編。筆者與柳曾符有過一面之緣，1999 年來上海搜集材料，特往其在湖南路寓所拜訪，希望得到胡先驌與柳詒徵交往材料。他對筆者不辭辛苦，四處搜討，甚加讚譽，且贈我前幾年出版之《鎮江文史資料》，其上選載有 1934 年胡先驌所寫《梅庵憶語》中懷念其祖父文字，為我此前所不知，甚為感激。但對胡先驌之序，則隻字未提，我係自《劬堂學記》中獲悉，依其編入《年譜》。

此後，胡先驌流失之手稿陸續出現在文物市場，北京李權林先生獲得一批，曾向筆者提供一份胡先驌序柳詒徵詩集手稿。獲睹此件之初，並無欣喜，因為該文已收入《忝堂學記》。對於手稿收藏，因受經濟限止，難以涉足，故興趣不大，只要獲得文字，即已足矣。但將序言手稿與《忝堂學記》所載文字予以對照，發現兩者相差太大。原來手稿作為第一手材料，有不可替代之作用，不能過於相信經人過錄之文。胡先驌序文字數不多，此分別錄之。

胡先驌《忝堂學記》序文（胡宗剛提供）

序

已未以還，劉君伯明、梅君迪生、吳君雨僧與余等方主講席於東南大學，恫於學風之偏詖，乃創辦《學衡》雜誌，耆夙奮起執筆，為之楷柱者，首推柳翼謀先生，時正主講中國文化史，腹笥淵淵，目光如炬，講學另闢蹊徑，不循舊軌，東南史學宗風於茲奠定。餘事為詩，雄篇巨製，遵韓朔杜，大聲鞺鞳，亦非尋章摘句，推敲聲病之流所能望其項背也。

甲子後主持鉢山圖書館，抉發幽微，屢刊珍籍，使此書藏媲美天一閣，厥功尤偉。丁卯予北遷後，與公蹤跡遂疏。甲戌同遊廬山，快談如夙。昔曾為吾詩作序，自後而書簡往還不絕。經國難十數年來，音問屢梗，解放後始知己主上海文物保管委員會，方謂主持得人，不謂赴問傳來，公已歸道山。回憶舊遊，涕下如綆矣。歲月蹉跎，余亦老病，無復當年之意氣。客歲令媛○○以書來告，輯集詩稿方成，將付之梓人，以

余與公有文字因緣，囑為作序。余學殖荒落，烏足序公之詩？然《學衡》社友凋落殆盡，余故固忝為知公詩嗜公詩之一人，聊系數語，以志平生一段鴻爪之跡云耳。

歲次乙巳新建胡先驌序於北京之寓齋。

比較兩篇序文，可知《劬堂學記》之文係據胡先驌原稿予以較大之改寫而成。文字性改動姑且不論，主要是完全刪除胡先驌對《學衡》所持文化觀念之堅持。其時，文化保守主義已被徹底否定，胡先驌經過多次政治運動，遭受批判，其文化觀念不曾改變。而這種堅持，柳家後人或以為不合時宜，乃盡為刪除。胡先驌認為柳詒徵學術貢獻在於奠定東南史學，此亦不為柳家後人所接收，乃改為胡先驌對柳詒徵書法予以讚賞。胡先驌對柳定生或者不甚熟悉，姑將其名處暫且留白，卻被改為「哲嗣女公子定生能繼父業」，這樣溢美之詞。請人作序，甚或只能對序文個別與事實有出入之字詞予以修正，但大動手腳，則是對序者失去尊崇，尤其是更改序者之思想觀念。《劬堂學記》《胡先驌年譜》所載胡先驌之序，均已流傳，此所以不得不對此序文予以辨正矣。不過手稿中落款寫作乙卯年，為胡先驌錯記，是年為乙巳年，《劬堂學記》改為 1965 年，則為正確。（胡宗剛著）

6月18日，胡先驌致龍榆生信函。

榆生先生惠鑒：

久疏音訊，得六月十五日書，知貴體漸佳，深以為慰。蘇繼頏君早年曾把晤，承關注至感。飲酒乃十五年前之事，自患心臟病後，煙酒戒絕已六年於茲矣。當《辭海》尚在編纂過程中時，驌即盛讚呂碧城詞，以為遠在東海漚歌之上，囑向臺從征詢其簡史，近閱《辭海》為定稿，仍未錄其名。其介紹王幼遐詞語亦不作邊際，聞將來仍須印定稿本，而編輯事大體為上海（大約文學歸復旦）人士主持。臺從不能設法為之介紹，使一代才人得在此參考書中占數行版面乎？補錄呂詞可見抄胥，只要抄寫較精，驌不吝小費也。驌兩月前又住院休養二周，今將息甚好，可從事少量專業工作矣。

專此敬頌

痊綏

先驌 拜啟

六月十八日（1965 年）〔註2555〕

〔註2555〕《胡先驌全集》（初稿）第十七卷下中文書信卷，第 517~518 頁。

9月13日，胡先驌致施滸信函。

施滸同學：

近想已自天津□省歸來，現俄文古植物學已由南京古生物學研究所翻譯出版，我還有其他書籍存在你處，請斟酌送還。前日合作計劃，仍照常進行否？晚間有暇，請來面談。徐仁先生已參加四清，回京恐在春節前後矣。

此頌

秋祺

胡先驌

九月十三日（1965年）〔註2556〕

【箋注】

施滸（1928～1991），天津市武清縣人。曾就讀北京師範大學生物系。著《俄華生物學辭典》《拉漢藻類名稱》《種子植物・形態學辭典》，合著《動物的類群》等等。

9月14日，胡先驌致龍榆生信函。

榆生先生惠鑒：

久未奉書，未知近況奚似，至以為念。今夏甚熱，中秋已過，此間天氣漸涼，上海想亦同然。驌近來開始寫一筆記，名之曰《懺庵叢話》，言及女詩人當以張默君為魁首，已將其佳作摘入叢話中。女詞人則推呂碧城，當續記之。惟前次寄來某上人所作之傳，已寄還，當時未曾節抄，仍乞寄下一觀，或由足下寫一小傳見寄尤妙。足下自身之簡史亦乞見示，以便介入叢話為感。陸丹林前告知滬上有人慫恿印碧城之詩，不知即指足下否？便乞告之。近南京大學陳義教授印成《歐陽翥教授詩草》，亦一名作家，在科學家中殊為難能可貴。上海化工學院院長張江樹亦工詩，亦知之否？二人皆為東大學生，竟以師生有別，未能深知，殊以為憾也。朱彊邨之小傳，亦請代寫寄下，在滬時雖曾在吳昌碩先生處數次接談，亦知之未詳也，其與夫人反目久已知之，其嗣子亦難紹箕裘，與沈乙庵先生有同恨，今知其後人情況否？名詩人惟陳散原諸子皆能樹立，寅恪且為大儒。

〔註2556〕胡啟鵬輯釋《胡先驌墨蹟選》（初稿），2022年2月，第137～138頁。胡啟鵬輯釋《胡先驌墨蹟選》（初稿），2022年2月，第533頁。

彥通雖有文名，而人甚放浪，今病臥醫院日久，且孤獨無偶，晚境甚惡。潘伯鷹仍健在否？能略述其身世並錄得其詩若干見寄否？驌雖抱病，然尚無恙，且能稍稍工作，堪以告慰，惟已斷詩矣。餘不一一。

　　即頌

秋安

　　　　　　　　　　　　　　　　　　　　　　　　胡先驌

　　　　　　　　　　　　　　　　　九月十四日（1965 年）〔註 2557〕

9 月 20 日，胡先驌致龍榆生信函。

　　榆生先生惠鑒：

　　　九月十九日手書奉悉，碧域小傳驌曾青還，今已未覓，希雙方尋覓。弟驌已屢病，雜物皆兒輩檢點，如經誤放，尋量不易、幸以錄存別冊，不至遺失。原作不佳，臺從既擬另作、後來必居上、企而待之矣。陸丹林所言不知何人，渠手中想有大量詩篇，為過去未刊印者，他日全部印出，將為盛事，而在已付印詞集中，視呂詩視張默君之《白華吟館詩》與《玉尺樓詩》似遜一籌，其身世亦迥別。張今春始以八二高齡，旅居九龍道世，惟使廿餘年來、自其夫邵元沖死於雙十二后，即已斷詩，至為可惜耳。

　　　承允作疆邨先生小傳甚慰，清末民初、能詩者多科學家，蓋承數千年來積勢，如秉丈（原係清末舉人），任叔永鴻雋（化學家），何奎元魯（數學家），張子高準（現任清華大學化工系主任）、錢雨農崇澍（北京植物研究所所長），楊鍾健克強（現任北京古脊椎動物研究所所長，功力稍差），吳藹辰（工程師，老年以寫中蘇外交史，在英國得博士學位，後任中央文史館館員，有詩集，新近逝世。輯有《臺灣詩鈔》,《西域詩鈔》,《古今海外詩鈔》,三大詩鈔，尚未付印），許石楠先申（電機專家，治文字學有聲）、程叔時孝剛（工程學家，現任上海交通大學副校長，舊學甚深，未聞為詩）、李四光仲達（地質學院院長，兼地質部副部長，舊學甚深），竺可楨藕舫（地

〔註 2557〕　胡宗剛撰《胡先驌先生年譜長編》，江西教育出版社，2008 年 2 月版，第 651 ～652 頁。

理氣象學家，舊學甚深，未聞為詩），翁文灝詠霓（前地質調查所所長，為中國地質學莫基人之一，舊學甚深，惟作詩未入門）。此老一輩科學家，後一輩如歐陽鐵翹翥（我國腦神經學家第一，詩甚佳，有《歐陽翥詩草》），陳義宜丞（南京大學動物學教授，即印《歐陽翥詩草》者，雖不自為詩，然舊學根底不錯），王希成（南京大學動物系教授，能詞），王以康欽福（魚類學家兼漁撈學家，已故，能詞），張江樹（上海化工學院院長，東大畢業，詩功力甚深，惜學詩早年取徑不高，今已數十年，造詣何似，未悉），潘伯鷹（早年亦自上海交通大學畢業，以小說詩及書法著名），張星烺（早歲自哈佛大學化學系畢業，以病改研究歷史，寫成《中外交通史》五冊），戴叔洵藩瑨（驌之門弟子，植物學家，曾任文史教授多年，舊學造詣甚深）。此皆近五十年來，科學家或深入舊學者，國外殆罕其匹。蓋舊時代流風餘韻之餘波，在今日不可見矣。在《人民日報》繼《水杉歌》之後，當有人以筆名發表《粒子歌》，不知為何人，當係物理學或化學家，亦是老輩，但不以詩名耳。舊軍人中亦有能詩者，以程潛養公為第一，著有《養復園詩》，專作選體五古，趙堯生為之序，詩才不高，而功力甚深。李濟琛亦能詩，熊十力初為黎元洪參謀，後捨去從歐陽競無治佛學，繼而背叛師門，著有《新唯識論》《十力語要》《論張江陵》《乾坤衍》諸書，亦能詩，為當代我國唯心主義哲學家祭酒，此亦國外所無者。蘇步青能詩未之前聞，公覓人與之接洽，得其小傳並詩若干章見示。潘伯鷹小傳及詩亦公代覓抄寄。

　　臺從多病，幸自珍攝，胃潰瘍以外科手術奏效快，而有立竿見影之效，第不知尊體能經受否？幸自珍攝，餘不一一。

　　即頌

秋綏

胡先驌

九月廿日（1965 年）〔註 2558〕

〔註 2558〕胡宗剛撰《胡先驌先生年譜長編》，江西教育出版社，2008 年 2 月版，第 652～653 頁。

高等学校自然科学学报

生物学版

試刊 第3期

目 录

胡先驌、方文培合著《中國七葉樹屬新種誌》文章

9月，與四川大學方文培合著《中國七葉樹屬新種誌》文章在《高等學校自然科學學報（生物學版）》試刊（第3期，第217～237頁）發表。

摘要

作者於編寫《中國七葉樹科植物誌》的過程中，在七葉樹屬 Aesculus L. 發現了8個新種：浙江七葉樹 A. chekiangensis Hu & Fang 產浙江北部及江蘇南部；菊川七葉樹 A. tsiangii Hu & Fang 產貴州南部及廣西僮族自治區西部；煥鏞七葉樹 A. chuniana Hu & Fang 產廣西僮族自治區西部；大葉七葉樹 A. megaphylla Hu & Fang，雲南七葉樹 A. wangii Hu，多脈七葉樹 A. polyneura Hu & Fang 及石生七葉樹 A. rupicola Hu & Fang 等四種均產於雲南東南部；瀾滄七葉樹 A. lantsangensis Hu & Fang 產雲南西南部。本文詳細記述了這8個新種的形態特徵。

（一）浙江七葉樹新種

本種與七葉樹 A. chinensis Bunge 親緣關係相近，但本種的圓錐花序比較長而狹小，小花序較短，蒴果的頂端具短尖頭，果殼較薄，種臍較小，僅占種子面積的三分之一以下，小葉常成橢圓形，具較長的小葉柄（中央小葉的小葉柄常長1.5～2釐米）。

（二）瀾滄七葉樹新種

本種與雲南七葉樹 A. wangii Hu 的親緣關係較近，區別在於本種的小葉無毛，頂端急尖，中間的小葉常大於兩側的小葉；圓錐花序比較窄小，基部直徑僅 5 釐米。

（三）多脈七葉樹新種

本種與七葉樹 A. chinensis Bunge 的親緣關係比較相近，區別在於本種具 5～6 枚狹窄地倒披針形或披針形的小葉，基部漸狹，長達 21 釐米，側脈常係 28～30 對，葉柄較長，常長 12～14 釐米，圓錐花序較長，花較大。

（四）石生七葉樹新種

本種與雲南的多脈七葉樹 A. polyneura Hu et Fang 的親緣關係比較相近，區別在於本種的小葉係橢圓形或長橢圓形，僅具 19～21 對側脈，圓錐花序較短，花較小。

（五）菊川七葉樹新種

本種與七葉樹 A. chinensis Bunge 的親緣關係特別相近，區別在於本種的小葉係亞革質、倒披針形、無毛、具 21～24 對側脈與較短的小葉柄，圓錐花序較長，常長達 35 釐米，具長達 4～5 釐米的小花序，蒴果卵圓形、具短尖頭及較薄的果殼（常厚 2 毫米）；又與天師栗 A. wilsonii Rehder 相近，區別在於小葉無毛，小葉柄較短，種子卵圓形，種臍較大。

本種的命名係從廣東林學院蔣英教授之號，以紀念其於 1930 年首先發現本種之功。

（六）雲南七葉樹（經濟植物手冊）

本種與天師栗 A. wilsonii Rehder 相近似，區別在於其較短的小葉柄僅長 5～7 毫米及被淡黃色微柔毛的圓錐花序，尤在於其較大的果實，直徑達 6.5 釐米，與較大種臍的種子，約占種子的一半。

（七）煥鏞七葉樹新種

本種與天師栗 A. wilsonii Rehder 的親緣關係很相近，區別在於本種具較大的花與果，種臍較大，而小葉無毛具較短的小葉柄亦為重要的特徵，可資辨別；再本種具大形果實，又與雲南七葉樹 A. wangii Hu 相近，但本種的小枝較粗壯，小葉較大具 23～25 對側脈，

亦易於辨別。

　　陳煥鏞於 1940 年因僅看到本種由高錫朋同志採自廣西僮族自治區龍津縣及睦邊縣的 55217 及 56071 兩號果實標本，故暫時將其鑒定為親緣關係相近的天師栗 A. wilsonii Rehder 是合理的。但著者現在檢察了多數的標本，特別是開花的標本以後，認為確係一個尚係初次發表的新種。

（八）大葉七葉樹新種

　　本種與滇緬七葉樹 A. assamica Griff. 的親緣關係相近，區別在於本種具膜質倒卵形、大小不等的 9 枚小葉，中間的小葉常大於兩側的小葉約 2～3 倍及大形圓錐花序與花。Aesculusmegaph

10 月，胡先驌致《茶花雜志》主編蒲度耳信函。

　　親愛的蒲度耳先生：

　　　　我猜想你已收到我前幾天寄出的信了。我怕你對我的要求可能發生錯誤的印象。我的要求是：如果你希望保留我這個會員和《山茶雜誌》投稿者的話，則在該雜誌上不應有任何臺灣或福摩薩作者送去的文章。

　　　　當你第一次請我參加山茶學會和為《山茶雜誌》寫文章的時候，我沒有預想到任何可能的政治計謀，但正由於國際政局現在顯得如此緊張，我本人作為一個中華人民共和國的老科學家，不能容許任何贊成兩個中國的陰謀。

　　　　您的忠實的

胡先驌

（1965 年 10 月）〔註 2559〕

11 月 18 日，中科院植物所要胡先驌遵守外事紀律。

　　中國科學院植物所林鎔、簡焯坡、鄭斯緒、唐佩華一行四人到胡先驌家中調查。林鎔、簡焯坡是副所長；鄭斯緒是胡先驌的助手，植物分類研究室支部書記；唐佩華是植物所專職外事管理人員，可謂興師動眾。「檢查報告」稱此次調查：（向胡先驌）「交代政策，說

〔註 2559〕 胡宗剛撰《胡先驌先生年譜長編》，江西教育出版社，2008 年 2 月版，第 656頁。

明自覺遵守外事紀律的重要性。這次訪問初步獲得一些效果，胡先
驌認為外辦的規定很合適，主動交代了他的外國通訊關係，並答應
今後對外來往書信與刊物交換均轉到所中，由所按規定審批處理。
但今後我們仍應對他的對外關係密切注意。」實際上，在林鎔一行
與胡先驌的交談中，並未有如上述所言那樣嚴峻，更無敵對氣氛，
這只不過是應付上級必不可少的語言。在交談中，胡先驌可能還有
據理力爭之處。如此一來，使得他們有些難堪，一面是胡先驌的權
威不可過分冒犯，一面是上級要求處理不能置之不理。〔註2560〕

11月18，林鎔致簡焯坡等信函。

　　林鎔當天晚上給簡焯坡、鄭斯緒、唐佩華寫了一封信，從中可
以證明這樣推測的正確。他說：我查到今年答覆胡老的信兩次。第
一次在春季，答覆內容是山茶科葉背黑點問題。山茶科葉內的特殊
厚膜細胞可使葉面呈疣狀突起，或由於寄生菌形成的不規則的黑點
（有時還可能是介殼蟲），最好在做記載時用顯微鏡檢查一下。第二
次在夏末，胡老有許多新種要發表，又說栒屬的研究有高度水平，
問《植物分類學報》稿源情況。我答覆明年第一期在十月交稿，稿
子已有了，但今年還要出「增刊」，他可通過研究室投稿，由學報編
委會考慮。

　　胡老大概把第二次信誤記為向國外的投稿的事了。誤記還可原
諒，否則，就不成話了！我並不願再與胡老爭辯。僅供你們考慮問
題時，心中有數。如有必要我再向胡老說明。

　　胡老可能認為現在的所務還像他在靜生時那樣單線領導。我所
的外事如未經外事工作同志知悉或商量後，我從來不作決定或簽署
的。投稿未經室主任簽署，我也從來不在我所的介紹信上簽名，或
表示同意投稿的。這不是推諉責任，因為如果不讓擔任具體工作的
同志知道，我們的行政工作就會亂了。我在出發旅行前沒有時間與
你們細談，把經過略述如上，供參考。

　　林鎔為人厚道、辦事認真。在他回家查閱自己的工作日記之後，
寫出這封信函。此事結果，當然是胡先驌不得不遵照檢查制度，但

〔註2560〕　《有關違反外事紀律的檢查報告》，中科院植物研究所檔案。胡宗剛、夏振岱
　　　　　著《中國植物誌編撰史》，上海交通大學出版社，2016年9月版，第122頁。

其本人在當時並未受到批判。但是，在後來審查的中，這卻是他的
一條罪責，即使在 1971 年，其去世已有數載，在清隊專案審查時，
被定為反動資產階級學術權威，所羅織之罪狀，仍有此條。〔註2561〕

是年，大寒為龍榆生《丈室閒吟》作序。

　　清季自詞學重振於粵西，王幼遐、朱彊邨、鄭叔問、況蘷笙、
沈乙庵以聲氣相賡鳴，海內競為南宋矣。夏映庵、陳仁先晚歲始為
詞，亦其流派。孤標異幟，與諸公抗手者，則為文芸閣，為蘇辛派
領袖。再晚則周癸叔，以宗二窗鳴於蜀。喬大壯、向迪琮繼之，亦
一時名家。獨旌德呂碧城以一女子，無所師承而詞旨高騫，遠追北
宋，殆今世之李易安，無所儔偶也。袁寒雲以貴公子沉湎於醇酒婦
人，專為花間，亦戞戞獨造。龍榆生君視諸公尤後，宗清真、夢窗，
旁及蘇辛，與彊邨晚年宗旨默契，乃傳以硯，蓋儼然及門。其《忍
寒詞》二稿，早歲刊布，夏映庵、張爾田各為一序，論其造詣與師
承，已言之詳矣。自茲以後，政局驟變，思潮所振盪，深入文學之
髓，千年師法，已難墨守。君病中所得《丈室閒吟》，已蒙時代之烙
印，則詞雖小道，百尺竿頭，且將繼進而開新生面，則又豈種啜推
敲聲韻之舊日詞人，所能企及。南城歐陽仙貽翁，丁抗日戰爭之會，
以滿腔愛國熱忱，和《庚子秋詞》，以小令體裁百餘闋，為《曉月詞》
四卷，其慷慨激烈，雖岳宗武之《滿江紅》、張孝祥之《六州歌頭》
不能出其右，與榆生殆為吾鄉二傑。南北賡和，殆將為詞另闢蹊徑
耶，企予望之矣。

　　　　　　　　　　　　　　　　　乙巳大寒新建胡先驌。〔註2562〕

是年，《越南一種五列木》文章，手稿尚未發表。摘錄如下：

尾葉五列木　新種

　　大喬木高 20 至 25 米；當年生小枝細瘦，有棱角，有節，有槽，
無毛，葉革質，闊長圓形至長圓形，長 2.5 至 5 釐米，闊 1.5 至 3.2

〔註2561〕林鎔致簡焯坡等，中科院植物研究所檔案。胡宗剛、夏振岱著《中國植物誌
　　　　　編撰史》，上海交通大學出版社，2016 年 9 月版，第 122～123 頁。
〔註2562〕張暉著《龍榆生先生年譜》增訂本，上海古籍出版社 2020 年 3 月版，第 200
　　　　　頁。

釐米，頂端驟縮成長 8 毫米的尾狀尖頭，莖部幾圓形，全緣，上面亮深綠色，疏生白色長毛，下面色較淡，幹後黃綠色，中脈在上面凹陷在下面凸起，側脈約 8，彎曲而環結，在上面可見，在下面凸起，以 60° 至 70° 度角叉分，小脈橫閂狀成綱狀；葉柄長 5 至 15 毫米，上面有槽，無毛。花未見。蒴果成穗狀圓錐狀果序，具果梗長 1 毫米，卵矩圓形，淡綠色，長 6 毫米，直徑 4 毫米，果瓣 5 個，頂端有突尖，果的萼片闊卵圓形，長 2 毫米，闊 2.5 毫米，頂端有凹缺，無毛。

越南：老街交界線，海拔 1240 至 1955 米處，生森林中，喬木高 20 至 25 米，果淡綠色；吳征鎰 255（模式標本）；1964 年 12 月 10 日。

此種與五列木 P. euryoides Gardn. et Champ. 相近似，不同處在其闊長圓形葉頂端有驟成尾狀，與上面疏生白毛。〔註 2563〕

是年，《關於安息香科的分類系統與地理分布》（On the Systematics and Phytogeography of Styracaceae）文章，手稿尚未發表。摘錄如下：

安息香科 Styracaceae 為 L. C. Richards 於 1811 年在 Anal. der Frucht 所建立，而為 Endlicher 在其植物屬誌 Genera Plantarum（1836～1849）所採用。在 Bentham and Hookerf. 的 Genera Plantarum II（1876）他們承認了以下各屬：

1. Symplocos L.
2. Halesia L.
3. Styrax L.
4. Foveolaria L.
5. Pamphilia L.
6. Lissocarpa Benth.
7. Diclidanthera Mart.
……

安息香科的化石紀錄

在 Perkins 的《安息香科專誌》中載有在歐洲發現的 13 種安息

〔註 2563〕《胡先驌全集》（初稿）第一卷植物學論文，第 510～511 頁。

香化石種，生於第三紀，智利有 2 化石種，日本有 2 化石種生於第三紀與第四紀。由於不能參考到古植物學的近代文獻，不知近數十年來各地曾發現了若干安息香的新化石種。

Halesia 屬在德國第三紀地質中曾發現 1 化石種。最值得注意的為在東歐第三紀鮮新世發現的 Durania ehrenbergi Kirchh. 匡可任教授在 W. Gothan & H. Weyland's Lehrbuch der Palaeobotanik，第 429 頁第 407 圖發現 1，2 所代表的果可能屬於 Melliodendron 或 Rehderadendron。經作者仔細研究，認為屬於 Melliodendron 屬；其果與 M. wangianum Hu 所有的甚為相似，其不同處只在果較大而有顯著 10 肋，則此化石種應改名為 Melliodendron ehrenbergi（Kirchh.）Kuang（新組合），而證明此屬在第三紀亦在歐洲存在。其他各屬據作者所知，未發現化石種。

安息香科各屬的系統發育與親緣關係

據目前所知的安息香科各屬的形態、化石記錄與地理分布，甚難肯定其系統發育歷史。Hutchinson 認為安息香目 Styracales（包括 Styracaceae，Symplocaceae，Diclidantheraceae，Lissocarpaceae）或與 Olacales 最為相近，而與 Alangiaceae 亦有些親緣。此種見解亦未有確切不移的理由。但此科只有新生代的化石紀錄，而一般皆有合瓣花與有定數 1 至 2 輪稀 4 輪的雄蕊，則其遠祖必為較古老的離瓣花植物。

在安息香科之內，亦難說何屬為最原始。此科的主要屬乃安息香屬。種有 120 餘，分佈在歐、亞、南北美四洲。現存種以巴西為最多，中國次之，歐洲與北美洲現在皆只有一種。Pamphilia 與 Bruinswia 皆只能認為安息香屬的旁支。

……

安息香科的地理分布

安息香科顯然為一熱帶與亞熱帶的科，看今日各屬的分布，除了 Pamphilia 一屬為巴西的特產外，其餘 10 屬皆產於亞洲熱帶與亞熱帶。此 10 屬中 Halesia 屬在第三紀時亞洲歐洲與北美洲皆有之；在今日則惟亞洲與北美洲有之。

Melliodendron 在第三紀歐洲，亞洲，北美洲與南美洲皆有之，

在今日則不存於歐洲的大部分區域，僅有 1 種產於歐洲地中海區域（希臘）與小亞細亞，在北美洲東南部亦只有 1 種，絕大部分產於巴西與亞洲熱帶與亞熱帶。此屬的分布中心有 3 個：一為巴西對秘魯墨西哥與北美洲東南部，一為亞洲熱帶至日本，一為歐洲大部分為化石種。此種分布略可與 Haleaia 相比，此屬的分布亦有 3 個中心：一為歐洲（化石種），一為亞洲亞熱帶，一為北美洲東南部。Helliodendron 則直至今日所發現為上，只有 2 個中心：一為歐洲（化石種），一為中國亞熱帶。此三屬的分布，大致相符合。

此種完全不見於澳洲。

照此科在今日與第三紀分布的情況來看，可斷言它起源於兩半球的熱帶，而一般趨勢是略向北蔓延直至歐亞北美三洲的暖溫帶為止。種類多而分布廣的屬如 Styrax 可由印度洋，太平洋與大西洋三個「門」前進。被子植物此種範例甚多，不勝枚舉。Halesia 屬的分布路線亦相似。種類少的屬如 Melliodendron 則分布僅在歐亞兩洲。其餘的則全限於亞洲。可見亞洲熱帶乃此科的發源地與主要分布中心，此或由於某些作者認為亞洲熱帶為被子植物的起源地，或由於此區域較少受第三紀以後造山運動與冰河時代的損害，故多數的特有屬能保存到今日。

結論

1. 自安息香科最初成立以來，所含的屬曾經幾度變更。今日所承認的屬有 Styrax L.；Pamphilia Marf.；Bruinsmia Boerl. & Koord；Sinojackia Hu；Halesia L.；Pterostyrax Sieb. et Zucc.；Melliodendron Handel-Mazzeti.；Parastyrax W. W. Smith；Rehderodendron Hu；Alniphyllum Maloum；Huodendron Rehd. 11 個屬。這些屬按它們的形態可分為以下各族及亞族。

（1）Styraceae 族，有 Styrax 屬，約 120 種，產於亞洲，歐洲，南北美洲；Pamphilia 屬 3 種，產於巴西；Bruinsmia 屬，1 種，產於爪哇與西利伯島。

（2）Halesieae 族。此族又須分為 2 亞族：

a. Sinojackinae 亞族，只有 Sinojackia1 屬，共 3 種，為中國特產。

b. Halesinae 亞族，有 Halesia 屬，共有 4 種，3 種產於美國，1

種產於中國；Pterostyrax 屬，共有 6 種，5 種產於中國，2 種亦產於日本，1 種產於緬甸；Melliodendron 屬，共有 3 種產於中國；Parastyrax 屬，共 2 種，產於中國與緬甸；Rehderodendron 屬，共 9 種，產於中國，1 種亦產於越南。

（3）Alniphylleae 族，有 Alniphyllum 屬，共有 5 種產於東亞；Huodendron 屬，共有 4～5 種與 1 變種，產於中國。

2. 在 Perkins 的《安息香專誌》中，曾載有在歐洲發現的 13 個 Styrax 化石種，生於第三紀，智利有 2 個化石種，日本有 2 個化石種，生於第三紀與第四紀。Halesia 屬在德國第三紀地質中曾發現 1 個化石種。Kirchheimer 在德國鮮新世地質曾發現 1 種化石的果，他命名為 Duraniaehranbergi Kirschh.；W. Gothan 和 H. Weyland 認為屬於 Symplocaceae。實則乃 1 種 Melliodendron，而應名為 M. ehrenbergi（Kirchh.）Kuangex Hu。其他各屬則據作者所知，未發現有化石種。

3. 據目前所知的安息香科各屬的形態，化石記錄與地理分布，甚難肯定其系統發育歷史。安息香科內的各屬，亦難認定哪 1 個是最原始的。Styraceae 族，可認為此科的主幹，其中的 Pamphilia 與 Bruinsmia 亦只為旁支。Halesiae 族顯為 Styraceae 族進一步的發展，雖各屬皆只有少數種。Alniphylleae 族亦為 Styraceae 族進一步的發展，但關係較遠，似為一旁支。

4. 照此科在今日及第三世紀的分布情況看來，此科是起源於兩半球熱帶而略向北蔓延，以 Styrax 屬分布的情形看來，它是由印度洋，太平洋與大西洋三個「門」前進的。Halesia 屬的分布亦是如此。Melliodendron 則只在歐亞兩個中心發現，其他各屬則惟發現於亞洲；故亞洲可視為此科的發源地，而因為亞洲熱帶地區未受到第四紀冰河期的影響，故所以許多屬能保存到今日。〔註 2564〕

是年，胡先驌作英文論文《生物的大群新分類》，寄給荷蘭國際植物分類命名學會機關「TAXON」雜誌上，他根據現代的研究工作進展和理論上的探討，應將生物劃分為兩個超邦：一原始生物超邦，包括立克次氏體、病毒、噬菌體等。二細胞生物超邦，包括細菌邦、黏菌邦、真菌邦、植物邦（藻類亞邦、

〔註 2564〕《胡先驌全集》（初稿）第一卷植物學論文，第 512～521 頁。

苔蘚亞邦和維管束植物亞邦）和動物邦。對各亞邦並有詳細的特徵描述與分門，對傳統生物分類理論作了大膽探索，使現代生物分類更加科學詳細具體。

是年，《中國植物誌稿：樺木科與榛科》文章，未刊行手稿。

（注）1960 年筆者接受中國植物誌編輯委員會委託，擔任中國植物誌樺木科（Betulaceae）及榛科（Corylaceae）的編著，近二年來對該二科的我國標本材料進行了全面的整理，發現若干新的種類，對以前發表了的關於這二科研究論著中的錯誤和存疑，做了一些修訂。

早在 1930 年，筆者即已就當時所收集到的材料，對我國榛科中的鵝耳櫪屬（Carpinus Linn.）（最近蘇聯孢粉學家庫普里雅諾娃（Л. A. Куприянова）從鵝耳櫪屬某些種的花粉形態的研究出發，認為 Carpinus，Ostrya 及 Ostryopsis 等三屬應該自榛科中分出另建新科 Carpinaceae（Taxon, vol. XII No.1, 1963），此項建議尚有待於進一步的研究，以證明其能否確立——筆者注。）進行過系統的研究。隨後在 1948 年出版《中國森林樹木圖誌》第二卷樺木科及榛科時，又對該屬做了新的修訂和補充。並且隨同每一種的文字描述均刊印了圖版。此次在準備編著中國榛科誌的過程中，通過對較以前更為豐富的標本的研究，又有不少新的發現，解決了若干分類學上的存疑問題，同時也糾正了以前研究中的一些錯誤鑒定。

鵝耳櫪屬是北溫帶森林組成的重要樹種，三十年來，在我國，特別是在西南地區，陸續發現許多新的種類，不但佐證了我國植物種類之豐富，同時也說明研究我國鵝耳櫪屬植物，對深入研究該屬乃至榛科、樺木科植物起源及系統發育的重要意義。

一、樺木科 Betulaceae

落葉喬木或灌木，芽有鱗片。葉為互生單葉，有羽狀直側脈，邊緣通常有鋸齒：托葉游離，常脫落。花雌雄同株；雄花成柔荑花序，常於葉前開放，花序頂生或側生；雌花成圓筒形毬果狀穗狀花序，有覆疊苞片，每苞片有 2 至 3 花。雄花：每苞片有 2 至 5 個小苞片；花萼膜質，通常 4 裂，微覆疊；雄蕊 2 至 4 個；花絲甚短；花藥 2 室，藥室連合或分離；無退化子房。雌花：無花被；子房裸露，壓扁，2 室；花柱 2 個，分離，圓筒形；胚珠每室 1 個，著生於

室近頂處。果序圓筒形或卵圓形，苞片脫落或宿存；小堅果小，有或無翅，頂端常有宿存花柱；種子單生，下垂，無胚乳，有直胚與扁平子葉。

本科主要產於北半球溫帶，少數分布於亞熱帶。

（一）樺木屬 Betula Linn

喬木、灌木或小灌才；樹皮白色、灰色、黃色、橙黃色、紫紅色、褐色至黑色，常成薄片狀稀成厚塊狀剝裂，極稀僅開裂；小枝常有樹脂質腺體；芽具數個覆瓦狀排列的鱗片。葉為互生單葉，有葉柄，有雙重鋸齒，有羽狀葉脈，下面常有腺點。雄柔荑花序 2 至 4 個簇生於小枝頂端或腋生，冬季裸露，開放時下垂；每苞片托有 3 朵雄花，每花有 4 個花萼裂片或較少；雄蕊常通 2 個，與萼裂片對生；花藥 2 裂，卵圓形，頂端有毛或無毛，花絲多少 2 裂。雌花序單生稀 2 至 4 個總狀簇生，直立或下垂，為圓筒狀、矩圓圓筒狀或卵圓形或球形穗狀花序；苞片覆瓦狀排列，每苞片托有 3 朵雌花，花無花萼；子房 2 室；花柱 2 個；每室有 2 個下垂胚珠。小堅果壓扁，通常有膜質翅稀幾無翅，退化成 1 室；果皮殼質；種子單生，有膜質種皮。

本屬約有 80 種，主要產於北半球溫帶，極稀產於亞熱帶，中國現有 46 種。……以上為中國現有 46 種樺木，下面作重點詳述。

6. 峨眉樺

產於四川西部峨眉山海拔 3100 米處。

7. 鵝耳櫪葉樺（貢山樺）

產於雲南西北部貢山縣木里。

12. 九龍樺

產於四川西部九龍縣，海拔 2400 米處森林中。

14. 滇樺

產於雲南北部，在海拔 2700 至 3800 米處灌叢中或松或冷杉林下，常呈灌木狀。

15. 西康樺

產於西康柯鹿洞。

16. 卵圓穗樺

17. **遼東樺**

產於東北南部與山西綿山。

19. **小樺**

產於新疆布爾津以北阿爾泰山的柯母，海拔 1600 米，成叢薄，生於濕潤的階梯上。

23. **伊犁樺**

產於新疆伊犁，海拔 1675 米，大溪邊，生於混合林中。

27. **等齒葉樺**

產於新疆烏魯木齊南部，天山，小渠子。

28. **短穗樺**

產於新疆烏魯木齊以南，小渠子，南坡樹林中及尼勒克。

29. **軟毛樺**

產於新疆烏魯木齊以南大山，海拔 2000 米處。

30. **菱葉柔毛樺**

產於新疆天山達子廟；也分布於蘇聯。

31. **假細葉樺**

產於新疆烏魯木齊以南，小渠子，伊里察布查爾。

32. **細葉樺**

產於新疆天山烏南小渠子與阿爾泰；亦產於蘇聯阿爾泰。

33. **天山樺**

產於新疆天山海拔 2000 米處；分布於蘇聯。

34. **特格斯樺**

產於新疆特格斯縣與伊犁察布查爾，海拔 1600 米處。

35. **託里樺**

產於新疆託里阿拉巴津山及木壘，海拔 2240 米處。

36. **白樺**

木材質地緻密，黃白色，惟較他種樺木為鬆軟；供製板材及各種木器，樹皮可製木匣，及蒸餾樺油。

37. **東北白樺**（東北木本植物圖誌），別名：滿州樺（中國森林樹木圖誌）。

產於東北、華北與蘇聯烏蘇里江流域南部與朝鮮。

木材緻密,黃白色,用途與白樺同。

38. 日本樺

木材軟而輕,緻密,美觀,心材白色而帶紅黃色,每 1 立方尺千材重 34 磅;供制農具、廉價家具、煙匣及柴薪之用,大部分供建築用。其白色樹皮供製船艇、陳設品、煙匣、食物籃之用,又常用以代替屋瓦,且可作染料。內樹皮含多量樹脂,其根可製各種陳設品。

39. 川樺

產於四川、陝西、雲南海拔 2500 至 3800 米處,成大面積純林或與落葉松、槭、椴及他種樺木成混生林。樹皮白色,在四川大量用以襯帽沿。

40. 羅氏樺(中國森林樹木圖誌),新等級。

產於四川、青海 2300 至 3300 米處。

41. 疣枝樺

產於新疆北部 1200 至 1400 米處。亦分布於蘇聯。

49. 新疆樺

產於新疆阿爾泰山,巴爾巴到布爾津途中,生於溪邊高山草地。

二、榛科 Corylaceae A. De Candolle

落葉灌木或小喬木,芽有鱗片。葉為互生單葉,有顯著羽狀葉脈,邊緣通常有鋸齒;托葉存在。花雌雄同株,雄花成柔荑花序,雌花成長或短穗狀花序,有苞片;雄花無花萼;雄蕊數個,插生於苞片上;花絲常分裂;藥室分離頂端常有毛;退化子房不存;雌花萼附著於子房上,頂端不規則開裂;子房下位,不完全 2 室;胚珠 2 個或退化成 1 個,下垂於室的頂端;花柱 2 個,分離或幾分離,線形;堅果藏於增大的總苞內;種子單生,無胚乳。

3. 軟毛鵝耳櫪

產於四川西南部。

6. 滇南鵝耳櫪

產於雲南南部。

11. 蔣氏鵝耳櫪

13. 大苞鵝耳櫪

此種與蔡氏鵝耳櫪 G. tsaiana Hu 與西疇鵝耳櫪 C. sichouriensis Hu 相近似，不同處在其遠為較大的芽，在其較大的果苞與在其密生腺體的小堅果。

15. 涼山鵝耳櫪

四川西部：布拖縣，交際河區對面西山，海拔 2400 米，生於山坡疏林中，喬木高 10 米，直徑 30 釐米，四川涼山，經濟植物採集隊 5863 號（模式標本），1959 年 8 月 24 日。

此種與其他中國鵝耳櫪組大葉種不同處在其闊卵圓形具長漸尖頭基部圓形邊緣具突尖齒的葉，與在其半卵矩圓形果苞長至 3.5 釐米與其大卵圓形綠色小堅果長至 4 毫米全面有疏生毛與微小樹脂腺體。

17. 西疇鵝耳櫪

產於雲南東南部海拔 1300 至 1500 米處。

18. 大葉鵝耳櫪

雲南西北部：維西一區八村，海拔 1900 米，河邊，岩上，喬木高 5 米，少見，毛品一 00356 號（模式標本），1956 年 10 月 2 日；同地，三區高橋，海拔 2200 米，河邊，石岩上，喬木 10 米，果土褐色，少見，毛品一 00577 號，1956 年 10 月 28 日；同地，戛戛塘至北極途中，海拔 1850 至 1950 米，小喬木高 20 尺，溝邊雜林中，馮國楣 3618 號，1940 年 5 月 3 日；湄公河怒江分水嶺，阿怒拉卡，海拔 2100 米，生於山谷中混生林中，小喬木高 20 尺，俞德濬 19103 號，1938 年 6 月 16 日；怒江山谷，菖蒲桶西北，海拔 1700 米，生於林木中，灌木或小喬木高 15 至 30 尺，樹皮灰褐包，微直裂，習見，俞德濬 19184 號，1938 年 6 月 25 日；貢山縣，海拔 2000 米，喬木高 40 至 50 尺，直徑 20 寸，樹皮灰褐色，果苞綠褐色，小堅果灰色，俞德濬 22904 號，1938 年 10 月 10 日；同地，打拉江邊，海拔 1800 米，雜木林中，灌木高 15 至 20 尺，俞德濬 22012 號，1938 年 6 月 24 日。

此種與其他大葉種不同處在其矩圓形葉下面密生灰包毛與在其窄長果苞密疊長至 12 釐米的果序。

24. 白皮鵝耳櫪

產於福建、廣東、海南、廣西、雲南、浙江、安徽；分布於越南。

25. 碩大鵝耳櫪

中國西南部：無地區及其他野外記錄，採集人 1015 號（模式標本在中國科學院植物研究所）。

此美麗新種與所有其他有 3 裂果苞的中國種不同處在其甚大的葉與大果苞。此張標本無野外記錄殊為可惜，但若因此而不發表此一美麗種則更為可惜。

29. 窄葉鵝耳櫪

窄葉鵝耳櫪生於雲南東南部法斗海拔 1400 米的岩石山上雜林中。

31. 毛果鵝耳櫪

產於貴州南部，生長於石山上。

32. 尾葉鵝耳櫪

產於雲南東南部（文山縣），生於海拔 2000 米處森林中。

35. 馮氏鵝耳櫪

雲南東南部：麻栗坡，黃金營，海拔 1900 至 2000 米，生於石山上混合林中，習見，馮國楣 13212 號（模式標本），1947 年 11 月 1 日。

此有甚小果苞的種與他種不同處在其頗大而堅實的卵橢圓形葉，在其長果穗，尤在其有長毛的小堅果。

36. 金佛山鵝耳櫪

產於四川南部南川縣金佛山。

37. 廣西鵝耳櫪

廣西：凌雲縣，生於密林中，喬木，劉心祈 28808 號（模式標本），1937 年 7 月 29 日。

此種與他種不同處在其頗長果序，在其有微細柔毛的小堅果，與在其幾無毛倒卵形的葉與其無毛的葉柄。

39. 昆明鵝耳櫪

為雲南昆明西山特產，生於石灰岩上。

40. 毛葉鵝耳櫪

陝西：西安，南五臺，喬木，王鎮華 702 號（模式標本），1940年 8 月 22 日。

此種與貴州的毛果鵝耳櫪 C. pilosinucula Hu 略相似，不同處在其葉通常基部楔形兩而有長毛且有較長葉柄，在其果苞外緣有不規則小裂片與細齒而內緣多少有疏生齒，與在其較小與較疏生毛的小堅果。

46. 窄苞鵝耳櫪

產於四川東部。

48. 趙氏鵝耳櫪

產於四川西部天全縣。

49. 安龍鵝耳櫪

產於貴州海拔 620 米處。

50. 國楣鵝耳櫪

雲南北部：麗江縣，沿白河，海拔 2400 米，生於密集老林中，喬木，常見，馮國楣 21593 號（模式標本），1955 年 9 月 19 日。

此具有單齒葉的種與亨利鵝耳櫪 C. henryana Winkl. 相近似，不同處在葉較大而葉柄有長毛，在其有不規則裂片狀細鋸齒果苞與在其闊卵圓形有微細柔毛及樹脂腺體的小堅果。

53. 柔毛鵝耳櫪

產於四川西部與雲南。

54. 大芽鵝耳櫪

雲南東南部：文山縣，海拔 2000 米，生於森林中，喬木高 5 米，蔡希陶 58-8183 號（模式標本），1958 年 9 月 27 日。

此種與尾葉鵝耳櫪 C. caudatilimba Hu 相近似，不同處在其較硬闊橢圓形葉有較少側脈，與在其苞片外側只在近基部處有數小齒。其與寶興鵝耳櫪 C. paoshingensis Hsia 不同處在其闊卵圓形葉，與在其較大有微細樹脂狀腺體的小堅果。

55. 寶興鵝耳櫪

產於四川寶興具海拔 1960 米處。

58. 希陶鵝耳櫪

雲南東南部：西疇縣，海拔 1500 米，喬木 10 米，蔡希陶 58-8545 號（模式標本），1958 年 10 月 10 日。

此種與貴定鵝耳櫪 C. kueitingensis Hu 相近似，不同處在其葉有較少對葉脈而有較短有毛的葉柄，與在其較小矩圓形果苞與有樹脂腺體的小堅果。

61. 貴定鵝耳櫪

產於貴州貴定縣 400 米至 500 米處，亦產於湖北西部。

63. 白毛鵝耳櫪

產於四川西部。

65. 小苞鵝耳櫪

四川：寶興縣，東河，海拔 1900 米，生灌叢中，灌木高 1.5 米，常見，曲桂齡 3824 號（模式標本），1936 年。

此種與多脈鵝耳櫪 C. polyneoura Franch. 相近似，不同處在其顯著的雙重鋸齒葉，尤在其甚小的果序與其甚小的果苞。

66. 羅浮鵝耳櫪

廣東：羅浮山，陳念劬 40952 號（模式標本），1930 年 5 月 12 日。

此有簡單刺毛狀鋸齒葉的種與柔毛鵝耳櫪 C. mollicoma Hu 相近似，不同處在其較小較窄有較少毛的葉具有較少對的葉脈，與其較小的果苞及其闊卵圓形的小堅果。

66. 極秀鵝耳櫪

產於湖北西部興山縣，生於密林中。

68. 周氏鵝耳櫪

產於河北房山縣海拔 500 米處，木材堅硬而重，紋理細密，供作農具與家具用，亦作薪炭材。

73. 短柄鵝耳櫪

產於貴州清鎮縣，生於海拔 1120 至 1450 米處。

74. 細柄鵝耳櫪

陝西：鄠縣，澇谷西河東嶽廟附近，樹皮黃褐色，郭本兆 916 號（模式標本）；1951 年 9 月 3 日。

此種與杜氏鵝耳櫪 C. turezaninowii Hce. 相近似，不同處在其卵圓披針形至闊披針形葉基部楔形至幾圓形，有粗鋸齒而有細瘦葉柄。

80. 細脈鵝耳櫪

雲南東南部：西疇縣，海拔 1500 米，在森林中石上，喬木 15 米，蔡希陶 58-8531 號（模式標本），1958 年 10 月 17 日；同地，海拔 1500 米，生於森林中石上，喬木 20 米，蔡希陶 58-8526 號，1958 年 11 月 17 日。

此種似與貴州產的安龍鵝耳櫪 C. austro-sinensis Hu 相類似，不同處在其較小的葉有帶紫色的葉柄，在其有細齒的外緣的果苞與較小的小堅果。

81. 湖南鵝耳櫪

湖南西部：花垣，海拔 650 米，生於疏林中，喬木高 10 米，樹皮灰黑色，劉林翰 10026 號（模式標本），1958 年 10 月 11 日。

此種與其他有短果穗與小果苞的種不同處在其橢圓形葉基部闊楔形有細長帶紫綠色有細柔毛葉柄。

83. 理縣鵝耳櫪

四川西北部：茂縣與理縣，何鑄與周子林 1'3151 號（模式標本），1952 年；同地，何鑄與周子林 14284 號，1952 年；大金縣，安寧，黃葉包，海拔 2700 米，喬木高 5 米，李馨 1735 號，1958 年 5 月 9 日。

此種多少與遵義鵝耳櫪 C. tsunyihensis Hu. 相近似，不同處在其較小無刺毛狀鋸齒的葉與在其闊的果序有具不規則鋸齒的果苞與大形小堅果。

84. 奉節鵝耳櫪

四川東部：奉節縣，含瑞，白坪場，海拔 1400 米，喬木高 5 米，李馨 24181 號（模式標本），1958 年 7 月 9 日。

此種與貴定鵝耳櫪 C. kweitingensis Hu 相近似，不同處在其矩圓形葉有具長毛的葉柄，與在其較小的果苞與較尖的小堅果。

91. 白茸毛鵝耳櫪

產於雲南東南部西疇縣生於海拔 1600 米處灌木叢中。

93. 纖弱鵝耳櫪

四川：南川縣，羅鍋壩，海拔 950 米，灌木高 3 米，熊濟華、周子休 91753 號（模式標本），1957 年 6 月 29 日。

此種與岩鵝耳櫪 C. ruoestsis A. Camus 相近似，不同處在其無毛的小枝，在其較大的葉下面有較少的毛與有無毛的葉柄，在其較小的果苞與其外側有較少的齒，與在其較小的小堅果。

94. 富寧鵝耳櫪

雲南東南部：富寧縣，班弄，海拔 700 米，生於石山上，小喬木高 8 米，花綠色，偶見，王啟無 88302 號（雄花模式標本），1940 年 4 月 11 日；同地，龍邁，海拔 1000 米，生石岩上，灌木高 3 米，果綠色，王啟無 88905 號（果模式標本），1940 年 4 月 26 日。

此種與小鵝耳櫪 C. parva Hu 相近似，不同處在葉較厚與其較大的果苞。

97. 硯山鵝耳櫪

雲南東南部：硯山縣，公革石山，海拔 1500 米，生予石岩上灌叢中，小喬木高 3 米，蔡希陶 50-9106 號（模式標本），1958 年 11 月 5 日。

此岩生種與生於雲南南部、貴州及四川南部所產各種不同處在其較大而薄卵圓形葉其側脈以 60° 角叉分，在其苞片外緣有不規則裂片狀鋸齒，與在其小而帶綠色有粗壯肋有毛及樹脂腺體的小堅果。

（四）虎榛子屬 Ostryopsis Decne.

1. 虎榛子

虎榛子產於內蒙古自治區、遼西、河北、山西、陝西、甘肅、四川、雲南。

2. 大虎榛子

大虎榛子產於雲南金沙東北山區，高 3100～3400 米處。

（1）皺葉大虎榛子

雲南北部：麗江縣，雪山，海拔 2300 米，灌木高 1 至 2 米，習見於石坡上灌叢中。

此變種與模式種不同處在其遠為較厚幾革質葉上面泡狀下面有

強壯網狀脈與在其較短的葉柄。

（2）小葉大虎榛子

雲南北部；木里南部，海拔 2500 米，生山坡上，灌木高 5 尺，葉上面暗綠色，下面有白色茸毛，果綠色至褐色，俞德濬 5860 號（果模式標本），1937 年 6 月 1 日；中旬縣，海拔 3000 米，路傍，灌木高 5 尺，幼葉灰黃色，偶見，俞德濬，8179 號（雄花序模式標本），1937 年 5 月 9 日；木里南部，海拔 2300 米，空曠地灌叢中，灌木高 4 尺，葉上面暗綠色，下面有白色茸毛，柔荑花序黃色帶紅暈，偶見，俞德濬 5858 號，1937 年 6 月 1 日；木里，海拔 2500 米，生灌叢中，灌木高 5 尺，總苞褐灰色，有褐色小堅果，習見，俞德濬 14866 號，1937 年 12 月 10 日。

此變種與模式種不同處在其小幾革質有皺紋葉下面有白色茸毛，在其甚短有白色茸毛的葉柄，與在其較小的總，苞。其與皺葉大虎榛子 O. var. rugosa Hu 不同處在其遠為較小的葉下面有白色茸毛。〔註 2565〕

是年，胡先驌放下手中其他工作，開始投入編撰《樺木科》《榛科》《茶科》工作，1965 年《樺木科》的編寫工作初步完成，把稿子交給編委會。張大為先生由於編《胡先驌文存》，接觸了很多原始材料，特別是胡先驌的手稿，更有說服力，更有權威性。胡氏的《樺木科》手稿是由次女胡昭文在上世紀八十年代後期向中科院植物研究所多次追索收回並保存的。手稿共 97 頁，均為八開方格稿紙，用英文字母標明順序，97 頁中有 11 頁是由助手抄寫的，但都雜有胡氏的改錯筆跡。可是 1979 年末出版的《中國植物誌》第 21 卷《樺木科》署名竟然是 1979 年以前未發表過樺木科論文之李沛瓊、鄭斯緒。又是誰批准了這種荒謬的做法？這個謎應該解開。

是年，The Major Groups of Living Beings：A New Classification（生物大群之新分類）刊於 Taxon（1965 年第 14 卷第 8 期，第 254～261 頁）。

編年詞：《暗香·潭秋寄超山觀梅詩》《鶯啼序·圓明園》《高陽臺·寄胡獻雅》《高陽臺·題英使覲見記》《高陽臺·題呂碧城曉珠詞》。

〔註 2565〕張大為、胡德熙、胡德焜合編《胡先驌文存》（下卷），中正大學校友會出版發行，1996 年 5 月，第 552～623 頁。

胡先驌高陽臺詞手跡

1966 年（丙午） 七十三歲

1月25日，胡先驌致唐佩華信函。

佩華同志：

　　頃接蒲度耳先生來函，今寄上一閱，我們是否能接受他的道歉，因而允許將我的關於山茶屬新種的文稿寄與他，請同對外聯絡事務處領導酌奪見告，還有什麼要求，亦請告知，決定後請見告，以便回他的信。

　　前帶去寄愛丁堡的《廈門蘭譜》及植物，以及我寄給侯定博士的書籍都已寄出否？請告知。又我私人所有的《廈門蘭譜》一冊，已不在案上，是否是帶到所中去審查去了，我年老已經記不清了，請問簡焯坡先生與鄭斯緒同志。如在所中，請同另一冊《茶花雜志》一併託鄭斯緒或王蜀秀同志帶來。

　　　　此致

　敬禮

　　　　　　　　　　　　　　　　　　　　胡先驌

　　　　　　　　　　　　　　1966 年 1 月 25 日〔註 2566〕

3 月 20 日，胡先驌致龍榆生信函。

　　榆生先生惠鑒：

　　　　不奉音書攸逾二旬，尊恙時時在念，天轉暄暖，已漸愈否？日來重檢疆邨遺書，深感臺從對師門之高誼，讀先師《曼陀室囈詞》，頗多感動，數十年謝絕倚聲，一時性到。輒成《水調歌頭·天問》一首，另紙錄呈，敬希吟定。

　　　　專此敬頌

　時綏

　　　　　　　　　　　　　　　　　　　胡先驌 拜啟

　　　　　　　　　　　三月廿日（1966 年）〔註 2567〕

3 月 24 日，胡先驌致龍榆生信函。

　　榆生先生惠鑒：

　　　　昨奉手書，敬悉一是，久未倚聲，竟忘音律，承教甚感，已改正，並他作兩篇一同呈政，藉以遣日，不足言著作也。尊恙春暖亮可告痊。潘伯鷹沉痾可念，乞為道候。餘不一一。

　　　　祗頌

　時綏

　　　　　　　　　　　　　　　　　　　先驌 拜啟

　　　　　　　　　三月廿四日（1966 年）〔註 2568〕

5 月 2 日，胡先驌致龍榆生信函。

　　榆生先生惠鑒：

　　　　久未奉書為念，拙著《水調歌頭·天問》一什下半闋末二韻新

〔註 2566〕　胡宗剛撰《胡先驌先生年譜長編》，江西教育出版社，2008 年 2 月版，第 657 頁。

〔註 2567〕　《胡先驌全集》（初稿）第十七卷下中文書信卷，第 520 頁。

〔註 2568〕　《胡先驌全集》（初稿）第十七卷下中文書信卷，第 520 頁。

有改正，氣勢較壯，前稿可不存也。近題呂碧城《曉珠詞》，特錄以
就正並索和。時已人初夏，尊恙已就痊否？京中春季甚寒，昨宵低
溫仍在七度，可謂怪事，上海想較暖也。

　　專此敬頌

時綏

先驌　拜啟

五月二日（1966 年）〔註 2569〕

　　5 月 28 日，中共中央重新設立「中央文化革命小組」，組長陳伯達，顧問
康生，副組長江青、張春橋，成員為王力、關鋒、戚本禹、姚文元等。這個小
組成為「文化大革命」的實際指揮部。6 月 1 日，人民日報發表「橫掃一切牛
鬼蛇神」的社論，指出把所謂資產階級的「專家」「學者」「權威」「祖師爺」
打得落花流水，使他們威風掃地，並號召破除「四舊」（舊思想、舊文化、舊
風俗、舊習慣）。8 月 5 日，毛澤東寫了《炮打司令部──我的一張大字報》
文章，是「文化大革命」一個導火索。8 月 8 日，全會通過《中共中央關於無
產階級文化大革命的決定》（即「十六條」），任務是「鬥、批、改」，即鬥垮走
資本主義道路的當權派，批判資產階段的反動學術「權威」，批判資產階級和
一切剝削階級的意識形態，改造教育、改造文藝，改革一切不適應社會主義經
濟基礎的上層建築。從而全國出現紅衛兵運動的興起和全面造反浪潮，上海
「一月奪權」，導致全面內亂，滑向「全面內戰」的深淵。「從 1967 年 1 月至
1968 年秋季的近兩年時間，是「文化大革命」十年最為混亂，也是損失最為
嚴重的時期。」〔註 2570〕

　　是年，填《金縷曲·自壽兼柬盧慎之》詞，對自己一生的追求和評價：

　　　　七十三年矣，自甲午至於丙午，流光似水。屢閱滄桑到今日，
　　　舊雨剩餘有幾。漫自省昨今非是，華髮蕭齋箋草木，歎平生志業如
　　　斯耳，邯鄲夢，差堪比。

　　　　唯公岳嶽仍嵩峙。已寫就藏山巨著，霞情猶寄。杜老放翁兼白
　　　傅，異代詞壇媲美。看海內景行行止。休說文章供覆瓿，富雄篇燦

〔註 2569〕《胡先驌全集》（初稿）第十七卷下中文書信卷，第 521 頁。
〔註 2570〕當代中國研究所著《中華人民共和國國史稿》（第三卷 1966～1976）人民出
　　　　　版社，2012 年 5 月版，第 38 頁。

爛稱詩史。數酬唱，能手起！〔註2571〕

是年，文革初期遭遇。

　　「文革」的到來，對已是風燭殘年的胡先驌而言，無論如何是難以經受這場毫無人道可言之折磨，不及兩年，便離開了人世。運動之始，他仍然以過去的方式來應對。有人在一張民國時期的舊報紙上，查到一幀蔣介石與多人一起合影的照片，其中有胡先驌，即到他家中，找他問話。據當時參與問話的人回憶，胡先驌是這樣回答：這是國民黨召集國立大學校長接受政治訓練，浙江大學校長竺可楨、中央大學校長吳有訓都參加了。我們中正大學只是一個三流大學，他們在照相時都坐在前排，我們只能站在小板凳上於後排，不信可以去問他們去。現在他們都沒有事，我還有什麼關係。胡先驌在回答過程中，讓大家等一會兒，他有心臟病要服藥，服完藥繼續再談，沒有一點畏懼。

　　但是，不久紅衛兵出現了，造反派出現了，運動還在升級，胡先驌未曾經歷過這樣橫掃一切的運動。其時，胡先驌與小女胡昭靜生活在一起，他之不幸也央及於她，同遭磨難，備受凌辱。〔註2572〕

1967 年（丁未）　七十四歲

　　胡先驌在「文革」遭遇主要是抄家、批鬥，檢討，搬房屋。王文采院士在《胡先驌先生年譜長編》序文中寫道：「在一九四九後，胡老在政治等待遇方面受到了歧視，尤其在「文革」中屢遭抄家、批鬥，精神上受到極大傷害，才過早的逝世。」〔註2573〕

　　林英在《胡先驌教授的生平》一文中追憶：「胡教授被迫由居住幾十年的石附馬大街83號一幢約300平方米的主宅遷到一間約10平方米的平室之中，平生所珍藏的圖書資料以及尚未發表的研究成果均遭散失殆盡，身心遭到極

〔註2571〕張大為、胡德熙、胡德焜合編《胡先驌文存》上卷，江西高校出版社，1995年8月版，第666頁。
〔註2572〕胡昭靜：先君步曾公軼事，《中正大學校友通訊》，1994年第2期。胡宗剛、夏振岱著《中國植物誌編撰史》，上海交通大學出版社，2016年9月版，第133～134頁。
〔註2573〕胡宗剛撰《胡先驌先生年譜長編》，江西教育出版社，2008年2月版，第3頁。

大的折磨，在動亂中，胡教授以年逾古稀之軀或挨鬥、或陪鬥，憂憤交集之際，終於心臟病猝發。」〔註2574〕

　　陳心啟在回憶胡先驌「文革」抄家時，寫的非常生動，逼真，寫道：

　　　　有一天，這個機會終於來臨了，但卻令我感到惶恐和內疚，因為那是發生在駭人聽聞的文化大革命之中。那根本不是「拜訪」而是「抄家」。

　　　　「抄」就是掠取和搶劫。「抄家」歷來是官府對罪犯家庭的洗劫。然而在文化大革命中，「抄家」卻是家常便飯，造反派可以說了算，無須走法律程序。而且往往要求被抄者的弟子直接任「抄手」，以接受立場的考驗。抄胡先驌的家，我自然是必去無疑，一是因為他是我老師的老師；二是我的研究生畢業論文是由他主審的，而且評價頗高；再就是我和他的接觸較多。雖然我不是造反派，也沒有犯保守派的錯誤，但人們並沒有忘記點名要我參加。甚感慚愧的是，抄我老師的家也同樣有我的身影。

　　　　我記得很清楚，那是一個晴朗的上午。當我們到達胡家的大門口之時，我內心有一種說不出的慌亂和驚恐，好像一個小人，即將去做一件見不得人的虧心事。好在去抄家的只有4～5人，而且大多是青年研究人員，整個過程還比較平和，並沒有高舉「階級鬥爭」的大旗。

　　　　我頭都不敢抬地走進門去，好像還把自己塞在人群中不太顯著的位置。然而，胡先驌卻一眼就望見我，沒有打招呼，只是用和善而坦然的目光示意，然後向大家指明了書房和臥室的位置。我偷偷地端詳著他，比文革前見到他時憔悴多了。

　　　　胡老寓齋是一個較為古舊，但卻比較寬敞的四合院，有前廳、後廳、前天井、後天井。書房就在靠左邊的廂房內。大廳上掛有多幅名人字畫，其中有一幅是他自己親筆書寫的楷書，字跡比我在《廈門蘭譜》序言中看到的還要端正，還要美觀，令我怦然心動，佇立、凝視，不忍離去。它的內容已經記不清楚了，似是抄自古人的箴言。

〔註2574〕　胡啟鵬主編《撫今追昔話春秋——胡先驌的學術人生》，北京燕山出版社，2011年4月版，第23頁。

四十多年過去了，其剛勁的筆力，工整的書法，今天回想起來仍然
難以釋懷。

　　書房不算太寬敞。靠窗口有一張古香古色的書桌，書桌上放著
他正在書寫的文稿和一個放大鏡。他就坐在書桌旁，任憑我們翻箱
倒櫃，東查西抄。書架上整齊地擺滿線裝書和西文的科學著作。記
得有二十四史、資治通鑒，其他的記不清了。我們抄來抄去，抄出
了不少三、四十年代的中西文雜誌和一些舊書，其中有一本是于右
任的著作，是否有《學衡》已經記不清楚了，因為那時我並不知道
那段歷史和此種雜誌。抄完以後，也沒有仔細的清點，就將這些「違
禁品」裝進了紙箱，作為「戰利品」帶走了。

　　當我們離開時，他還站了起來，依然是那樣的坦然，那樣的寬
厚，只是在目光中帶有一絲茫然的憂傷，那是我從來沒有見到過的
憂傷。這或許不僅僅是出於對個人前途的擔憂！沒有人叫胡老或胡
先生，也沒有人向他告別。胡先驌倒是說了一句：該拿走的就拿走
吧。

　　這是我最後一次見到他。那時他已年屆 74 歲的高齡，書桌上依
然是四寶縱橫，文稿滿目，耕耘不綴，令人不勝欽佩。據說在抄家
後不久，他就被迫遷至只有 10 平方米的斗室中，生平所收藏的珍貴
圖書和尚未發表的研究文稿也散失殆盡。不到一年，他就在這樣的
處境中離開了人世。〔註 2575〕

1968 年（戊申） 七十五歲

　　胡先驌次女胡昭靜在接受採訪時，作為家屬，一同生活在一起，有親身感
受，更為直接、真實，更為身臨其境，談到這段歷史，不能忘卻，頗有微詞，
義憤填膺之情言於表：

　　　　大約是 1966 年 8 月 25 日，我父親第一次被「橫掃」，其時街上
　　已經開始了「破四舊」活動，我們都看見了，但不明白是怎麼回事。
　　好像是 25 日的上午，植物所來了許多人送大字報，把我們住房的窗

〔註 2575〕陳心啟著《憶胡先驌——中國現代植物學的奠基人》，張藎國主編《胡先驌
　　　　教育思想與精神品格——紀念胡先驌誕辰 120 週年暨胡先驌教育思想研討
　　　　會論文集》，中國社會科學出版社，2014 年 12 月，第 343～345 頁。

戶全糊滿了，室內一片黑暗。從 1966 年 8 月到 1968 年 7 月這 23 個月中，我家大約被抄了六七次之多，絕大部分的生活用品、大量的書籍、文物字畫、文稿、信件和首飾等物均被抄走，連過冬天的大衣也未留下一件。原來後院是我們全家五人住，至此只留下兩間房，其中一間是廁所。空出來的房子分給植物所的其他同志。我父親去世後，地理所一人又占去一間大房，只給我們留下九平方米的小間。

每次抄家都要對我父母進行人身侮辱，這裡不想多談。這是我父親致命的主要原因之一。此外，沒有書可讀對他來說也是非常痛苦的事。我父親曾在 1959 年冬突發嚴重的心肌梗塞，經搶救才回陽世。「文革」中每回憶起此景此情，我總想當時如不進行搶救，他在病中安然去世，沒有任何痛苦，也不會遭到後來的種種侮辱、折磨和迫害，他的一生便沒有多少可遺憾的事了。應該說「文革」前植物所領導對他還是不錯的，他在病中多方面予以照顧，他的工作也始終受到支持。多活這九年對他來說又有什麼意義呢？何況他早已功成名就。他還長期患失眠症，不吃安眠藥不能入睡。這時不許他用藥，徹夜無眠，身體漸衰弱。曾因心絞痛住過一次醫院，沒有住上幾天就趕了出來。原醫療單位是阜外醫院，住帶衛生設備的單間，此時改為北醫多人共住的病房。每天逼他寫檢討、思想彙報，還要到植物所接受批鬥。一個年逾古稀、身患重病的老人如何承受得了？！倒是沒有打過他，沒有「坐噴氣式」等等，但就是這樣的精神折磨，也足以致他於死地了。經濟上打擊也很大，從 1968 年 5 月起停發工資，甚至生活費也分文不發。專案組的人說我父親存款太少，與他的收入不符，又沒有金條、元寶、皮貨等物，硬說我們把給錢轉移走了。一個老紅衛兵逼問我和我愛人有多少存款。我回答一分錢也沒有，不信可到銀行去查，我父親的工資和稿費除生活開支外，就是購置圖書、字畫和接濟親友。例如靜生所老職員涂藻晚景淒涼，沒有工作，父親長期幫助他。此外凡有困難的，他都儘量給予支持，還要幫助我大哥一家。所以收入雖較多，自己卻所剩無幾。

大概 1968 年初，在他住房門前給釘上了一塊「無產階級專政對象」的牌子，是植物所一人給送來的，此人態度極其惡劣，這對他又是一次嚴重的打擊。只有當時分類室造反派的頭子還比較掌握政策，言談舉止尚不太過分。我父親於 1968 年 7 月中旬猝死。對他來說，結束這種恥辱的生活，未嘗不是一種解脫。〔註 2576〕

7 月 15 日，植物所通知胡先驌集中接受批鬥。

胡先驌去世前一天，單位來人通知，命令他明天暫時離家，到單位集中接受批鬥。此前他已參加了一次陪鬥，已感受到恥辱、羞恨、恐懼等交織在一起的痛苦。當晚，他表面上如平常一樣，至半夜，由夫人準備了一小碗蛋炒飯，吃過之後，便獨自去睡覺，一隻腳還沒有放到床上，就已離開了這個世界。關於他的死因，造反派還要查出實因，特請法醫驗證，確定為心肌梗塞。胡先驌患此症已有多年，死時七十有四。〔註 2577〕

7 月 16 日凌晨，因心臟病猝發逝世。

譜後

1969 年 3 月，著《植物學小史》，臺灣商務印書館，臺一版。

1969 年，第十一屆國際植物學大會在美國西雅圖召開，有代表 4493 人。從這屆開始，每六年舉行一次。

1969 年，一生發表植物科、屬、種、有多少？2018 年 12 月 24 日，張憲春著《從秤錘樹說開去》之六《胡先驌定名和發表的植物名稱目錄》文章，新浪微博：重拾自然，微信號：zhiwufenleiqun 發表。摘錄如下：

本名單包括全部合格發表的學名，也有少量不合法名稱和裸名也一併列出，科的分類概念和物種名稱均數據來自 IPNI 網站，略有

〔註 2576〕《30 年前東方學術界一顆閃亮巨星隕落——胡昭靜女士訪談錄》，1995 年 9 月 28 日。採訪者：苗青、韓寧、李敏。本文原載中國科學院院史文物徵集委員會所編《院史資料與研究》，1995 年第 6 期（總第 30 期）。胡啟鵬主編《撫今追昔話春秋——胡先驌的學術人生》，北京燕山出版社，2011 年 4 月版，第 397～398 頁。

〔註 2577〕胡昭靜：先君步曾公軼事，《中正大學校友通訊》，1994 年第 2 期。胡宗剛、夏振岱著《中國植物誌編撰史》，上海交通大學出版社，2016 年 9 月版，第 134 頁。

修改。這些新分類群涉及 70 個科的植物，其中 2 個新科，水杉科 Metasequoiaceae Miki ex Hu & Cheng（現歸於柏科 Cupressaceae）和 鞘柄木科 Torricelliaceae Hu，新屬有 17 個，發表或定名的新種 369 個、新變種 2 個、新組合 31 個。

1. Aceraceae 槭樹科

    Acer amoenum Hu & Cheng

    Acer chingii Hu

    Acer crassum Hu & Cheng

    Acer hilaense Hu & Cheng

    Acer kuikiangense Hu & Cheng

    Acer kwangnanense Hu & Cheng

    Acer liquidambarifolium Hu & Cheng

    Acer longicarpum Hu & Cheng

    Acer machilifolium Hu & Cheng

    Acer pentaphyllum Diels, Hu & Cheng

    Acer pubipetiolatum Hu & Cheng

2. Actinidiaceae 獼猴桃科

    Actinidia chartacea Hu

3. Amaryllidaceae 石蒜科

    Zephyranthes tsouii Hu

4. Anacardiaceae 漆樹科

    Mangifera austro-yunnanensis Hu

    Tapirira hirsuta Hu

5. Annonaceae 番荔枝科

    Cyathostemma yunnanense Hu

    Goniothalamus cheliensis Hu

    Mitrephora wangii Hu

    Phaeanthus yunnanensis

    Polyalthia cheliensis Hu

6. Apocynaceae 夾竹桃科

    Tabernaemontana pallida Hu

7. Aquifoliaceae 冬青科

    Ilex chingiana Hu & Tang

    Ilex editicostata Hu & Tang

    Ilex hylonoma Hu & Tang

    Ilex litseifolia Hu & Tang

    Ilex omeiensis Hu & Tang

8. Araliaceae 五加科

    Brassaiopsis chengkangensis Hu

    Gilibertia acuminatissima Hu

    Gilibertia angustiloba Hu

9. Asclepiadaceae 蘿藦科

    Metaplexis sinensis Hu

    Tylophora dielsii Hu

10. Berberidaceae 小檗科

    Dysosma aurantiocaulis（Hand.-Mazz.）Hu

    Dysosma delavayi（Franch.）Hu

11. Betulaceae 樺木科

    Alnus jackii Hu

    Betula delavayi Franch. var. *polyneura* Hu ex P. C. Li

    Betula jiulungensis Hu ex P. C. Li

    Betula kweichowensis Hu

    Betula potaninii Batalin var. *trichogemma* Hu ex P. C. Li

12. Boraginaceae 紫草科

    Sinojohnstonia Hu

    Sinojohnstonia plantaginea Hu

13. Brassicaceae 十字花科

    Radicula globosa（Turcz.）Hu ex C. Pei

    Radicula microsperma（DC.）Hu ex C. Pei

    Radicula montana（Wall. ex Hook. f. & Thomson）Hu ex C. Pei

14. Burseraceae 橄欖科

    Garuga yunnanensis Hu

Santiria yunnanensis Hu

15. Calycanthaceae 蠟梅科

Meratia yunnanensis（W. W. Sm.）Hu

16. Cannabaceae 大麻科

Humulus yunnanensis Hu

17. Celastraceae 衛矛科

Hippocratea yunnanensis Hu

Salacia polysperma Hu

18. Clusiaceae 藤黃科

Garcinia yunnanensis

19. Convolvulaceae 旋花科

Sinomerrillia Hu

Sinomerrillia bracteate Hu

20. Coriariaceae 馬桑科

Coriaria kweichovensis Hu

21. Corylaceae 榛科

Carpinus austro-sinensis Hu

Carpinus austro-yunnanensis Hu

Carpinus chowii Hu

Carpinus chuniana Hu

Carpinus daginensis Hu

Carpinus densispica Hu

Carpinus falcatibracteata Hu

Carpinus fangiana Hu

Carpinus firmifolia（H. J. P. Winkl.）Hu

Carpinus hupeana Hu

Carpinus hwai Hu & Cheng

Carpinus kweichowensis Hu

Carpinus kweitingensis Hu

Carpinus kweiyangensis Hu

Carpinus lancilimba Hu

Carpinus likiangensis Hu

Carpinus longipes Hu

Carpinus marlipoensis Hu

Carpinus mollicoma Hu

Carpinus oblongifolia（Hu）Hu & Cheng

Carpinus obovatifolia Hu

Carpinus omeiensis Hu & Fang

Carpinus parva Hu

Carpinus pilosinucula Hu

Carpinus pingpienensis Hu

Carpinus pubescens var. *firmifolia*（H. J. P. Winkl.）Hu

Carpinus purpurinervis Hu

Carpinus shensiensis Hu

Carpinus sichourensis Hu

Carpinus simplicidentata Hu

Carpinus tehchingensis Hu

Carpinus tsaiana Hu

Carpinus tsiangiana Hu

Carpinus tsoongiana Hu

Carpinus tsunyihensis Hu

Carpinus tungtzeensis Hu

Carpinus wangii Hu & Cheng

Carpinus wilsoniana Hu

Corylus kweichowensis Hu

Corylus wangii Hu

Ostrya liana Hu

22. Dipterocarpaceae 龍腦香科

Vatica cordata Hu

23. Elaeocarpaceae 杜英科

Elaeocarpus austro-yunnanensis Hu

Elaeocarpus kwangtungensis Hu

Elaeocarpus lantsangensis Hu

Elaeocarpus prunifolioides Hu

Elaeocarpus shunningensis Hu

Elaeocarpus yentangensis Hu

Sloanea austro-sinica Hu ex Tang

Sloanea chengfengensis Hu

Sloanea chinensis Hu

Sloanea chingiana Hu

Sloanea kweichowensis Hu

Sloanea sinensis Hu

Sloanea tsiangiana Hu

24. Ericaceae 杜鵑花科

Rhododendron kwangsiense Hu ex P. C. Tam

Rhododendron minutiflorum Hu

25. Escalloniaceae 鼠刺科

Itea longibracteata Hu

26. Euphorbiaceae 大戟科

Mallotus yifengensis Hu & F. H. Chen

27. Fagaceae 殼斗科

Castanopsis chengfengensis Hu

Castanopsis fohaiensis Hu

Castanopsis kweichowensis Hu

Castanopsis lantsangensis Hu

Castanopsis lohfauensis Hu

Castanopsis longispicata Hu

Castanopsis lunglingensis Hu

Castanopsis macrostachya Hu

Castanopsis megaphylla Hu

Castanopsis mianningensis Hu

Castanopsis microcarpa Hu

Castanopsis remotidenticulata Hu

Castanopsis remotiserrata Hu

Castanopsis robustispina Hu

Castanopsis rufotomentosa Hu

Castanopsis tapuensis Hu

Castanopsis tsaii Hu

Castanopsis wangii Hu

Castanopsis yanshanensis Hu

Cyclobalanopsis austro-yunnanensis Hu

Cyclobalanopsis faadoouensis Hu

Cyclobalanopsis fengii Hu & Cheng

Cyclobalanopsis kerrii（Craib）Hu

Cyclobalanopsis koumeii Hu

Cyclobalanopsis lungmaiensis Hu

Cyclobalanopsis nigrinervis Hu

Cyclobalanopsis nigrinux Hu

Cyclobalanopsis shiangpyngensis Hu

Cyclobalanopsis sichourensis Hu

Cyclobalanopsis thorelii（Hickel & A. Camus）Hu

Fagus brevipetiolata Hu

Lithocarpus chienchuanensis Hu

Lithocarpus kiangsiensis Hu & F. H. Chen

Lithocarpus mianningensis Hu

Lithocarpus shunningensis Hu

Lithocarpus woon-youngii Hu

Pasania cheliensis Hu

Pasania chiwui Hu

Pasania confertifolia Hu

Pasania echinothola Hu

Pasania fangii Hu & Cheng

Pasania fohaiensis Hu

Pasania hui A. Camus ex Hu

Pasania hypoglauca Hu

Pasania ischnostachya Hu

Pasania leucostachya（A. Camus）Hu

Pasania longinux Hu

Pasania lysistachya Hu

Pasania microsperma（A. Camus）Hu

Pasania nitidinux Hu

Pasania rhododendrophylla Hu

Pasania tomentosinux Hu

Pasania wenshanensis Hu

Pasania yenshanensis Hu

Pasania yui Hu

Pasania yunjenensis Hu

Quercus fooningensis Hu & Cheng

Quercus longipes Hu

Quercus lunglingensis Hu

Quercus marlipoensis Hu & Cheng

Quercus muliensis Hu

Quercus myricifolia Hu & Cheng

Quercus pileata Hu & Cheng

Quercus utilis Hu & Cheng

Quercus wangii Hu & Cheng

28. Hamamelidaceae 金縷梅科

Corylopsis trabeculosa Hu & Cheng

Corylopsis yui Hu & Cheng

Distylium velutinum Hu

Sycopsis pingpienensis Hu

29. Hippocastanaceae 七葉樹科

Aesculus chekiangensis Hu & Fang

Aesculus chuniana Hu & Fang

Aesculus lantsangensis Hu & Fang

Aesculus megaphylla Hu & Fang

Aesculus polyneura Hu & Fang

Aesculus rupicola Hu & Fang

Aesculus tsiangii Hu & Fang

Aesculus wangii Hu

30. Hydrangeaceae 繡球花科

Deutzia chunii Hu

Hydrangea kwangsiensis Hu & Chun

Schizophragma macrosepalum Hu

Schizophragma obtusifolium Hu

31. Icacinaceae 茶茱萸科

Apodytes yunnanensis Hu

Stemonurus hainanensis Hu

Stemonurus yunnanensis Hu

32. Illiciaceae 八角科

Illicium wangii Hu

33. Juglandaceae 胡桃科

Engelhardia mollis Hu

Juglandicarya integrifoliolata（Kuang）Hu

Juglans hopeiensis Hu

34. Verbenaceae 馬鞭草科

Clerodendrum yunnanense Hu ex Hand.-Mazz.

35. Lamiaceae 唇形科

Mentha pedunculata Hu & Tsai

Phlomis wangii Hu & Tsai

36. Lauraceae 樟科

Actinodaphne tsaii Hu

Beilschmiedia yunnanensis Hu

Litsea wenshanensis Hu

37. Lecythidaceae 玉蕊科

Barringtonia fusicarpa Hu

Barringtonia yunnanensis Hu

38. Leguminosae 豆科

Cercis yunnanensis Hu & Cheng

Millettia champutongensis Hu

Millettia chenkangensis Hu

Millettia fooningensis Hu

Millettia kueichouensis Hu

Millettia obtusifoliolata Hu

Millettia shunningensis Hu

Mucuna wangii Hu

Spatholobus parviflorus Hu

39. Loganiaceae 馬錢科

Strychnos cheliensis Hu

40. Magnoliaceae 木蘭科

Aromadendron yunnanense Hu

Magnolia duclouxii Hu

Magnolia fordiana Hu

Magnolia shangpaensis Hu

Manglietia grandis Hu & Cheng

Manglietia megaphylla Hu & Cheng

Manglietia patungensis Hu

Manglietia szechuanica Hu

Manglietia wangii Hu

Manglietia yunnanensis Hu

Michelia dandyi Hu

Michelia magnifica Hu

Parakmeria Hu & Cheng

Parakmeria yunnanensis Hu

Paramanglietia Hu & Cheng

Paramanglietia aromatica（Dandy）Hu & Cheng

Paramichelia Hu

Paramichelia baillonii（Pierre）Hu

41. Malpighiaceae 金虎尾科

Aspidopterys orbiculata Hu

42. Melastomataceae 野牡丹科

Sarcopyramis dielsii Hu

43. Meliaceae 楝科

Chuniodendron Hu

Chuniodendron spicatum Hu

Chuniodendron yunnanense Hu

Metasequoiaceae S. Miki ex Hu & Cheng

44. Moraceae 桑科

Artocarpus yunnanensis Hu

Smithiodendron Hu

Smithiodendron artocarpoideum Hu

Vanieria tricuspidata Hu

45. Myristicaceae 肉豆蔻科

Horsfieldia longipedunculata Hu

Horsfieldia pandurifolia Hu

Knema wangii Hu

Knema yunnanensis Hu

46. Myrsinaceae 紫金牛科

Maesa henryi Hu

Syzygium gracilentum Hu

47. Orchidaceae 蘭科

Amesia discolor Hu

Amesia mairei Hu

Amesia monticola Hu

Amesia royleana Hu

Amesia schensiana Hu

Amesia setschuanica Hu

Amesia squamellosa Hu

Amesia tangutica Hu

Amesia tenii Hu

Amesia wilsonii Hu

Amesia xanthophaea Hu

Amesia yunnanensis Hu

Cordula esquirolei Hu

Epipactis chinensis Hu

Epipactis labiata Hu

Epipactis mairei Hu

Epipactis melinostele Hu

Epipactis pauciflora Hu

Epipactis secundiflora Hu

Epipactis yunnanensis Hu

Neofinetia Hu

Neofinetia falcata（Thunb. ex A. Murray）Hu

Pholidota yunpeensis Hu

48. Papaveraceae 罌粟科

Dactylicapnos multiflora Hu

49. Pinaceae 松科

Nothotsuga Hu ex C. N. Page

Nothotsuga longibracteata（Cheng）Hu ex C. N. Page

Pinus × *taihangshanensis* Hu & Yao

Pinus wangii Hu & Cheng

50. Pittosporaceae 海桐花科

Pittosporum adaphniphylloides Hu & F. T. Wang

Pittosporum lignilobum Hu & F. T. Wang

Pittosporum subulisepalum Hu & F. T. Wang

Pittosporum xylocarpum Hu & F. T. Wang

51. Polygalaceae 遠志科

Xanthophyllum hainanense Hu

52. Rhamnaceae 鼠李科

Berchemiella crenulata Hu

Hovenia fulvotomentosa Hu & F. H. Chen

Hovenia kiukiangensis Hu & Cheng

Ziziphus spinosa（Bunge）Hu ex F. H. Chen

53. Rhizophoraceae 紅樹科

Pellacalyx yunnanensis Hu

54. Rosaceae 薔薇科

Rhaphiolepis kwangsiensis Hu

Rhaphiolepis lanceolata Hu

Rubus chingii Hu

Rubus hui Diels ex Hu

55. Rubiaceae 茜草科

Brachytome hirtellata Hu

Damnacanthus tsaii Hu

Tricalysia mollissima Hu

56. Rutaceae 芸香科

Citrus kwangsiensis Hu

Euodia mollicoma Hu & F. H. Chen

Fagara mengtzeana Hu

Fagara multijuga Hu

57. Salicaceae 楊柳科

Populus hopeiensis Hu & H. F. Chow

58. Santalaceae 檀香科

Henslowia polyneura Hu

59. Sapindaceae 無患子科

Amesiodendron Hu

Amesiodendron chinense（Merr.）Hu

Pedicellia fuscescens Hu

60. Sapotaceae 山欖科

Planchonella stenosepala（Hu）Hu

61. Scrophulariaceae 玄參科

Gleadovia kwangtungensis Hu

Gleadovia lepoensis Hu

Gleadovia mupinensis Hu

Gleadovia yunnanensis Hu

Lathraea chinfushanica Hu & Tang

Orobanche mupinensis Hu

Tienmuia Hu

Tienmuia triandra Hu

62. Sterculiaceae 梧桐科

Eriolaena ceratocarpa Hu

Eriolaena glabrescens Hu

Eriolaena szemoensis Hu

Paradombeya rehderiana Hu

Paradombeya szechuenica Hu

Pterospermum levinei Merr. & Hu

Sterculia lantsangensis Hu

Sterculia yunnanensis Hu

63. Styracaceae 安息香科

Alniphyllum buddlejifolium Hu & Cheng

Huodendron chunianum Hu

Huodendron yunnanense Hu

Melliodendron jifungense Hu

Melliodendron wangianum Hu

Rehderodendron Hu

Rehderodendron fengii Hu

Rehderodendron kweichowense Hu

Rehderodendron macrocarpum Hu

Rehderodendron mapienense Hu

Rehderodendron tsiangii Hu & Cheng

Rehderodendron yunnanense Hu

Sinojackia Hu

Sinojackia rehderiana Hu

Sinojackia xylocarpa Hu

Styrax chinensis Hu ex S. Ye Liang

64. Taxodiaceae 杉科

Metasequoia Hu & Cheng

Metasequoia glyptostroboides Hu & Cheng

65. Theaceae 山茶科

Adinandra kweichovensis Hu

Adinandra megaphylla Hu

Adinandra stenosepala Hu

Anneslea hainanensis（Kobuski）Hu

Anneslea rubriflora Hu & Hung T. Chang

Camellia albogigas Hu

Camellia albovillosa Hu ex Hung T. Chang

Camellia chekiangoleosa Hu

Camellia costata Hu ex S. Ye Liang

Camellia gigantocarpa Hu & T. C. Huang

Camellia heterophylla Hu

Camellia octopetala Hu

Camellia pachyandra Hu

Camellia polygama（Hu）Hu

Camellia polyodonta F. C. How ex Hu

Camellia sophiae Hu

Camellia tsaii Hu

Camellia tsingpienensis Hu

Camellia wenshanensis Hu

Camellia yuhsienensis Hu

Eurya acuminoides Hu & L. K. Ling

Eurya acutisepala Hu & L. K. Ling

Eurya aurea（H. Lév.）Hu & L. K. Ling

Eurya chuekiangensis Hu

Eurya gungshanensis Hu & L. K. Ling

Eurya jintungensis Hu & L. K. Ling

Eurya kueichouensis Hu & L. K. Ling

Eurya linearis Hu & L. K. Ling

Eurya lunglingensis Hu & L. K. Ling

Eurya marlipoensis Hu

Eurya paratetragonoclada Hu

Eurya pittosporifolia Hu

Eurya rugosa Hu

Eurya subcordata Hu & L. K. Ling

Eurya taronensis Hu

Eurya tsingpienensis Hu

Eurya wenshanensis Hu & L. K. Ling

Glyptocarpa Hu

Glyptocarpa camellioides（Hu）Hu

Hartia densivillosa Hu ex Hung T. Chang & C. X. Ye

Hartia kwangtungensis Chun var. *serrata* Hu

Hartia robusta Hu

Hartia serratisepala Hu

Hartia yunnanensis Hu

Polyspora balansae（Pit.）Hu

Polyspora chrysandra（Cowan）Hu ex B. M. Barthol.& T. L. Ming

Polyspora yunnanensis Hu

Pyrenaria camellioides Hu

Pyrenaria cheliensis Hu

Pyrenaria yunnanensis Hu

Schima bambusifolia Hu

Schima villosa Hu

Sinopyrenaria cheliensis（Hu）Hu

Sinopyrenaria garrettiana（Craib）Hu

Sinopyrenaria Hu

Sinopyrenaria yunnanensis（Hu）Hu

Stewartia oblongifolia Hu

Ternstroemia parvifolia Hu

Thea polygama Hu

Theopsis amplexifolia（Merr. & Chun）Hu

Theopsis caudata（Wall.）Hu

Theopsis chrysantha Hu

Theopsis euonymifolia Hu

Theopsis longipedicellata Hu

Theopsis lungyaiensis Hu

Yunnanea Hu

Yunnanea xylocarpa Hu

66. Tiliaceae 椴樹科

Colona sinica Hu

Grewia lantsangensis Hu

Tilia breviradiata（Rehder）Hu & Cheng

Tilia chingiana Hu & Cheng

Tilia kueichouensis Hu

Tilia vitifolia Hu & F. H. Chen

Tilia yunnanensis Hu

67. Torricelliaceae Hu 鞘柄木科

68. Ulmaceae 榆科

Celtis fengqingensis Hu ex E. W. Ma

Gironniera yunnanensis Hu

69. Urticaceae 蕁麻科

Polychroa scabra Hu

70. Vitaceae 葡萄科

Vitis chunganensis Hu

Vitis fagifolia Hu〔註 2578〕

〔註 2578〕2023 年 1 月 10 日，張憲春先生通過郵箱發給筆者。

1972 年，美國山茶學會致函。

　　美國山茶學會 1972 年來函，索要胡先驌 1965 年在《植物分類學報》上發表關於山茶科論文，也遭到置之不理待遇。〔註2579〕

1974 年 1 月，樺木科科研署名緣由。

　　樺木科誌重新啟動，此時胡先驌已去世多年，曾參與工作之鄭斯緒亦已去世。故該科計劃由李沛瓊、陳家瑞、傅立國三人續編，在計劃表中有云：「本卷植物誌已有相當的基礎，修訂工作計劃在本年第 4 季度開始，75 年上半年完成。」〔註2580〕其後承擔此項工作即由李沛瓊一人來完成，其所填承擔項目表云：「1964 年已完稿，擬於 1975 年修訂，年底交審（6 屬 130 種和變種）。」李沛瓊係 1957年分配到中科院植物所工作，據其自言是 1962 年開始涉足樺木科，其時鄭斯緒已跟隨胡先驌編寫。此時，李沛瓊再做修訂，即是在 1964年胡先驌主持所完成稿件之上進行，於 1975 年年底如期完成。第二年 7 月編委會請寧夏農學院園藝系洪濤、浙江農學院林學系張若惠等審稿。1977 年 8 月審稿完畢，1978 年 5 月送交出版社出版。樺木科在《中國植物誌》中列為第二十一卷，該卷中尚有楊梅科、胡桃科，故「發稿通知書」將該卷編輯署名為胡先驌、路安民，編寫人署名為胡先驌、匡可任、鄭斯緒、路安民、李沛瓊。〔註2581〕待 1979年 11 月正式出版時，署名中已沒有胡先驌之名。卷編輯為匡可任、李沛瓊；樺木科編寫者為李沛瓊、鄭斯緒。為何作如此改動，案卷中未有隻字記載。或者是在校樣中將胡先驌之名抹去。至於其中經過，不得而知，但有人改動，則是無疑。1981 年 1 月，在廣州召開植物誌編委會擴大會議上，陳封懷提出學術界應提倡講究文明、禮貌及良好的科研道德作風。他說：科研工作是繼承發展前人的成果，在繼承發展中逐步提高並作出新的創造發明，因而在科研工作中，尊重前人的勞動成果是極為重要的，也是起碼的科研道德作風。如

〔註2579〕　胡宗剛、夏振岱著《中國植物誌編撰史》，上海交通大學出版社，2016 年 9月版，第 193 頁。
〔註2580〕　《中國植物誌》編寫年度計劃表，1974 年 1 月，編委會檔案。
〔註2581〕　《中國植物誌》發稿通知書，1978 年 5 月 10 日，編委會檔案，第 21 卷樺木科。

當我們摘錄前人和同輩未正式發表的文章、手稿或經某專家修改、
訂正過的文章、稿件時，至少在自己發表文章或稿件的腳注中，應
注明「參考某作者的手稿」或「經某專家修訂及提供寶貴意見」，並
表示謝意等語；甚至對於專家指導的工作應聯名發表，不應獨吞成
果。絕不應該摘錄別人未發表的手稿據為已有，或改頭換面作為自
己的文章發表，這實屬剽竊行為。有的經有關專家修改訂正，提了
有益意見者，也不署名感謝，不尊重別人的勞動，抹殺別人成果，
這種在「文革」後滋長的惡劣作風與不文明、不禮貌、不道德的行
為，應予以公開的譴責。〔註 2582〕

1974 年 10 月 9 日，夫人張景珩逝世，享年 73 歲。1983 年 8 月，和丈
夫胡先驌合安葬於廬山植物園中，當時的歷史條件，墓碑上沒有注明夫人信
息。

1975 年，第十二屆國際植物學大會在前蘇聯列格勒召開，有代表 4153 人。

1978 年 1 月 28 日，中央組織部胡耀邦部長召集 26 個部委負責人參加座
談會，要加快落實幹部政策，該覆查的覆查，該平反的平反，做好幹部的安排
工作。之後，胡耀邦提出落實幹部政策的四條標準：（1）沒有結論的，盡快作
出結論，結論不正確的，要實事求是改正過來；（2）沒有分配工作的要適當分
配工作，年老體弱不能堅持正常工作的要妥善安排；（3）去世的要作出實事求
是的結論，把善後工作做好；（4）受株連的家屬子女問題要解決好。他進一步
提出：對待一切案件，都要尊重客觀事實。接著又提出了：「兩個不管的原則，
凡是不實之詞，凡是不正確的結論和處理，不管是什麼時候，什麼情況下搞的，
不管是哪一級組織，什麼人定的、批的，都要實事求是地改正過來。來推動落
實幹部政策和平反冤假錯案的工作。

十一屆三中全會後，撥亂反正工作全面展開。一為遭受冤屈的一批老革命
家和各界知名人士恢復名譽。1979 年 8 月 25 日，舉行張聞天追悼會。二為
「文化大革命」中形成的重大冤假錯案平反。1979 年 3 月 2 日，《關於「三家
村」冤案的平反決定》，為「文化大革命」開始後的第一個大冤案平反昭雪。
三為涉及重大歷史是非案件的平反。1980 年 11 月 3 日改正了 1965 年對胡風

〔註 2582〕編寫工作簡訊》第 49 期，1981 年 3 月 14 日。胡宗剛、夏振岱著《中國植
物誌編撰史》，上海交通大學出版社，2016 年 9 月版，第 206～207 頁。

的判決，宣告胡風無罪。彈指一揮間，時間到 1979 年，胡先驌已經去世 11 年了，火化後，骨灰沒有地方存放，故放在子女家中，真是死無葬身之地。隨著社會的發展，很多「文革」被迫害致死的人員逐步平反，恢復名譽。胡先驌的子女及故舊紛紛向中國科學院，及植物所反應，要求落實政策。

1979 年 5 月 25 日胡先驌追掉大會在北京八寶山舉行，家屬在其遺像前默哀

1979 年 5 月 25 日胡先驌追掉大會在北京八寶山舉行，家屬在其遺像前默哀

　　1979 年 5 月 14 日，中國科學院、植物研究所組成了「胡先驌先生治喪委員會」，向相關單位和人員發出訃告：「我國著名的植物學家、中國科學院植物研究所一級研究員胡先驌先生因受林彪、『四人幫』殘酷迫害於 1968 年 7 月 18 日含冤逝世，終年 74 歲。胡先驌先生的骨灰安放儀式定於 1979 年 5 月 25 日上午 10 時在八寶山革命公墓禮堂舉行。」相關單位有中科院各直屬研究單位、北京大學、北京師範大學、北京農業大學、清華大學、南京大學、南京農業大學、中山大學、四川大學、復旦大學、江西大學、江西師範學院、廬山植物園、昆明植物園、華南植物園和胡先驌生前友好、門生，家鄉的親戚等等。

　　在公墓大禮堂兩側擺放著國務院副總理方毅、中國科學院副院長李昌、胡克實、嚴濟慈、華羅庚、周培源、錢三強和秘書長郁文等送的花圈。中國科學院和植物研究所的黨政領導代表、各地的生物學家、古植物學家、農學家、語言學家、書法家、文藝家和大、中學教師等各界代表，數百人雲集在公墓大禮堂舉行隆重的悼念儀式，向在我國生物科學事業中作出重大貢獻的胡先驌先生表示深切的敬意。全國 30 多所高等學校和海洋研究所紛紛致電悼念。6 月 6 日《光明日報》就胡先驌在京舉行的追悼會還作了專題報導。

　　1978 年 6 月，中國林業科學院等編《中國植物誌》，收錄水杉屬的學術文章，現刊錄如下：

　　　　水杉屬——Metasequoia Miki ex Hu et Cheng

　　　　Miki in Jap. Journ. Bot. 9：261. 1841；

胡先驌、鄭萬鈞

靜生彙報 1（2）：154.1948.

落葉喬木，大枝不規則輪生，小枝對生或近對生；冬芽有 6～8 對交叉生的芽鱗。葉交叉對生，基部扭轉列成二列，羽狀，條形，扁平，柔軟，無柄或幾無柄，上面中脈凹下，下面中脈隆起，每邊各有 4～8 條氣孔線，冬季與側生小枝一同脫落。雌雄同株，球花基部有交叉對生的苞片；雄球花單生葉腋或枝頂，有短硬，球花枝呈總狀花序狀或圓錐花序狀，雄蕊交叉對生，約 20 枚，每雄蕊有 3 花藥，花絲短，藥隔顯著，藥室縱裂，花粉無氣囊；雌球花有短梗，單生於去年生枝頂或近枝頂，梗上有交叉對生的條形葉，珠鱗 11～14 對，交叉對生，每珠鱗有 5～9 枚胚珠。毬果下垂，當年成熟，近球形，微具四棱，稀成矩圓狀球形，有長梗；種鱗木質，盾形，交叉對生，頂部橫長斜方形，有凹槽，基部楔形，宿存，發育種鱗有 5～9 粒種子；種子扁平，周圍有窄翅，先端有凹缺；子葉 2，發芽時出土。

本屬模式種：水杉 Metasequoia glyptostroboides Hu et Cheng

本屬在中生代白堊紀及新生代約有 10 種，曾廣布於北美、日本、我國東北、蘇聯西伯利亞、歐洲及格陵蘭，北達北緯 82 度。第四紀冰期之後，幾全部絕滅，現僅有 1 子遺種，產於我國四川東部（石柱縣）及湖北西南部（利川）、湖南西北部（龍山及桑植）山區。現普遍栽培，為速生造林樹種及園林樹種。

水杉屬在系統發育上與北美紅杉屬（Sequoia）有密切的親緣關係。它具長枝及冬季脫落性短枝，又近似水松屬（Glyptostrobus）和落羽杉屬（Taxodium），而葉及珠鱗、種鱗對生則易與其他屬種區別。

水杉（湖北利川）圖版

Metasequoia glyptostroboides Hu et Cheng，靜生彙報 1（2）：154. 圖版 1-2.1948；郝景盛，中國裸子植物誌，再版 126.圖 28.1951；陳嶸，中國樹木分類學，補編 3.1957；裴鑒、單人驊等，江蘇南部種子植物手冊 11.圖 14.1959；鄭萬鈞等，中國樹木學 1:224.圖 102.1961；Dallimore and Jackson, rev. Harrison. Handb. Conif. and Ginkgo. ed. 4. 317. 1966；中國科學院植物研究所，中國高等植物圖鑒 1：315.圖

630.1972.-Sequoia glyptostroboides（Hu et Cheng）Weide in Repert. Sp. Nov.66：185.1962.

喬木，高達 35 米，胸徑達 2.5 米；樹幹基部常膨大；樹皮灰色、灰褐色或暗灰色，幼樹裂成薄片脫落，大樹裂成長條狀脫落，內皮淡紫褐色；枝斜展，小枝下垂，幼樹樹冠尖塔形，老樹樹冠廣圓形，枝葉稀疏；一年生枝光滑無毛，幼時綠色，後漸變成淡褐色，二、三年生枝淡褐灰色或褐灰色；側生小枝排成羽狀，長 4～15 釐米，冬季凋落；主枝上的冬芽卵圓形或橢圓形，頂端鈍，長約 4 毫米，徑 3 毫米，芽鱗寬卵形，先端圓或鈍，長寬幾相等，約 2～2.5 毫米，邊緣薄而色淺，背面有縱脊。葉條形，長 0.8～3.5（常 1.3～2）釐米，寬 1～2.5（常 1.5～2）毫米，上面淡綠色，下面色較淡，沿中脈有兩條較邊帶稍寬的淡黃色氣孔帶，每帶有 4～8 條氣孔線，葉在側生小枝上列成二列，羽狀，冬季與枝一同脫落。毬果下垂，近四棱狀球形或矩圓狀球形，成熟前綠色，熟時深褐色，長 1.8～2.5 釐米，徑 1.6～2.5 釐米，梗長 2～4 釐米，其上有交對生的條形葉；種鱗木質，盾形，通常 11～12 對，交叉對生，鱗頂扁菱形，中央有一條橫槽，基部楔形，高 7～9 毫米，能育種鱗有 5～9 粒種子；種子扁平，倒卵形，間或圓形或矩圓形，周圍有翅，先端有凹缺，長約 5 毫米，徑 4 毫米；子葉 2 枚，條形，長 1.1～1.3 釐米，寬 1.5～2 毫米，兩面中脈微隆起，上面有氣孔線，下面無氣孔線；初生葉條形，交叉對生，長 1～1.8 釐米，下面有氣孔線。花期 2 月下旬，毬果 11 月成熟。

水杉這一古老稀有的珍貴樹種為我國特產，僅分布於四川石柱縣及湖北利川縣磨刀溪、水杉壩一帶及湖南西北部龍山及桑植等地海拔 750～1500 米、氣候溫和、夏秋多雨、酸性黃壤土地區。在河流兩旁、濕潤山坡及溝谷中栽培很多，也有少數野生樹木，常與杉木、茅栗、錐栗、楓香、漆樹、燈檯樹、響葉楊、利川潤楠等樹種混生。模式標本採自湖北利川縣磨刀溪。

水杉為喜光性強的速生樹種，對環境條件的適應性較強。自水杉被發現以後，尤其在解放以後，我國各地普遍引種，北至遼寧草河口、遼東半島，南到廣東廣州，東至江蘇、浙江，西至雲南昆明、

四川成都、陝西武功，已成為受歡迎的綠化樹種之一。湖北、江蘇、安徽、浙江、江西等省用之造林和四旁植樹，生長很快。國外約 50 個國家和地區引種栽培，北達北緯 60 度的列格勒及阿拉斯加等地，在零下 34℃及 47℃的低溫條件下能在野外越冬生長。邊材白色，心材褐紅色，材質輕軟，紋理直，結構稍粗，早晚材硬度區別大，不耐水濕。可供房屋建築、板料、電杆、家具及木纖維工業原料等用。生長快，可作長江中下游、黃河下游、南嶺以北、四川中部以東廣大地區的造林樹種及四旁綠色樹種。樹姿優美，又為著名的庭園樹種。〔註 2583〕

1979 年 6 月 29 日，中國科學院批覆植物所「關於胡先驌歷史問題的覆查結論」。略云：

1940 年在重慶，由陳立夫、朱家驊介紹加入國民黨，為國民黨特別黨員（黨員號特字 67914）。1940 年 10 月，蔣介石親自任命胡為偽國立中正大學第一任校長。胡先驌在偽中正大學任校長期間，兼任過國民黨直屬中正大學區黨部監察委員。

1945 年擔任過偽中央訓練團第二十五期政治班指導員。1947 年至 1948 年參與組織反動的「獨立時論社」和「中國社會黨」。胡先驌在解放前曾書寫過歌頌蔣介石，鼓吹「第三條路線」，免除共產黨之威脅等反動文章。但胡先驌在一生中對發展我國科學事業也起了積極的作用。1916 年回國後，曾任南京高等師範大學、東南大學、北京大學、北京師範大學教授，曾和秉志先生在南京創辦中國科學社生物研究所，在北平創辦靜生生物調查所併任所長，在江西創辦廬山植物園。

解放前夕，國民黨反動政府曾企圖將靜生生物調查所和胡本人遷臺。經與我方代表商談，同意我方接收，並拒絕遷臺。解放後，在籌建中國科學院時，能顧全大局，主動將靜生生物所址全部騰出讓給科學院。

根據華主席、黨中央落實政策的指示，經覆查認為，胡先驌屬

〔註 2583〕 中國林業科學院等編《中國植物誌》，第七卷，第 310～312 頁，科學出版社，1978 年 6 月版。

重大政治歷史問題，但黨組織已審查清楚了。他一生的主要精力一直是從事科學教育工作。解放以來擁護黨的領導，熱愛社會主義，在學術上有較深的造詣，對發展中國科學事業，培養科技人才等方面作出了積極的貢獻。在林彪、「四人幫」反革命修正主義路線的干擾破壞影響下，摧殘科學教育事業，打擊迫害知識分子，胡是深受其害，被誣陷為「資產階段反動學術權威」，在精神上肉體上受到摧殘和折磨。黨委決定推倒強加在胡先驌身上的「資產階級反動學術權威」不實之詞，公開平反，恢復名譽。〔註2584〕

1979年8月，攝制《水杉》紀錄片。

　　《水杉》攝制組包括編輯熊聘農、攝影杜豐等編製《水杉》臺本並與湖北省林業局以及其他相關部門和人員取得聯繫，在北京香山找到水杉的命名者之一、中國林業科學研究院院長的鄭萬鈞並邀請作為科學顧問，鄭萬鈞接受邀請並對拍攝水杉進行了很好的說明與指導，這對水杉臺本的形成起到很好的作用，攝制組回武漢後很快完成了拍攝用的臺本初稿。〔註2585〕

1980年7月21日，錢鍾書致胡昭靜信函。

　　昭靜世妹大鑒：

　　　　不晤十餘年，諸維佳勝，駕過失迓為歉。小女述江西來客之意，自恨蒙懺翁知愛，爾過從稀少，未克多聆教言，故於其行誼學術，所知甚淺，加以事冗心粗，無暇作文，不堪承命。《懺庵詩稿》訂校時曾有長函獻贊，如請刪去論近人詩絕句。懺翁虛懷從諒，至他不悁作何語。懺翁與先公舊交，不才於一九五一年春始得叩謁，而於一九四五年接讀懺翁託先君轉來一書，曾奉答七律一首，舊稿尚存，錄呈備考，餘則無可效力。煩代向江西來客道意。《懺庵詩稿》謹奉上，敝處寶藏一冊，未遭劫也。

〔註2584〕　胡宗剛撰《胡先驌先生年譜長編》，江西教育出版社，2008年2月版，第667～668頁。

〔註2585〕　王希群、楊紹隴、周永萍、王安琪、郭保香編著《中國林業事業的先驅與開拓者——胡先驌、鄭萬鈞、葉雅各、陳植、葉培忠、馬大浦年譜》，中國林業出版社，2022年3月版，第186頁。

　　草此，即頌

　暑安

錢鍾書　上

七月廿一夜（1980）〔註 2586〕

1988 年吳征鎰（右）與雷文（左）P. H. Raven 分別代表中美兩國在密蘇里植物園水杉樹前簽訂合作出版英文版《中國植物誌》的協議儀式合影

湖北省監利謀道鎮水杉

〔註 2586〕《胡先驌全集》（初稿）第十七卷下中文書信卷，第 579 頁。

1980 年 8 月，中美共同翻譯《中國植物誌》。

《中國植物誌》自出版以來，國際植物學界越來越希望見到其英文版問世，並有國外學人陸續將其所需要部分翻譯成英文，在國外刊物上刊登。在中國與國外植物學界日益頻繁交往中，經過反覆協商，中美達成合作協議。1980 年 8 月美國密蘇里植物園主任雷文來華訪問時，與主編俞德濬、副主編崔鴻賓商談，初步達成中美聯合翻譯《中國植物誌》協議。由其向美國國家科學基金會申請經費，大量翻譯工作在中國進行，如果中國的翻譯人員需要到美國查閱文獻、審稿、定稿等，美方可以提供必要的經費開支。《中國植物誌》在美國排版印刷，版權屬於中國。後由於某些原因未能立即付諸實施。遲至 1987 年，《中國植物誌》編委會決定修訂《中國植物誌》的檢索表，連同圖版譯成英文，由科學出版社出版。在此之際，柏林國際植物學大會期間，雷文再次希望與中國合作，得到時任主編吳征鎰歡迎。經過一系列籌備，1988 年 5 月在北京中美植物分類學家晤談，達成意向協議。同年 10 月 7 日在美國聖‧路易斯之密蘇里植物園，由吳征鎰與雷文簽署正式協議。簽署地點設在該園所植原產於中國之水杉樹下，此之象徵意義令人回味。水杉乃胡先驌、鄭萬鈞所定名，為全世界植物學家所共知。1949 年之前胡先驌所領導的中國植物學界與美國植物學界有密切之交往，這些交往在 1949 年後遭到批判，云其為買辦、帝國主義的走狗之類，今歷史在這裡演出一個輪迴。簽約之後，召開 Flora of China 第一次聯合編輯委員會。其中，中方委員有吳征鎰、李錫文、戴倫凱、崔鴻賓、陳心啟、陳守良、黃成就、畢培曦，美方委員有雷文（Peter H. Raven）、Bruce Bartholomew、David E. Baufford、Naney R. Morin、William Tai，吳征鎰和雷文為主編。會議決定在《中國植物誌》基礎之上，修訂、縮簡，全書設計為 25 卷，預計 15 年完成，由中國之科學出版社和美國之牛津大學出版社紐約分社合作出版。Flora of China 已不是《中國植物誌》簡單之英譯，而是自《中國植物誌》派生出又一部大型著作。〔註 2587〕

〔註 2587〕William Tai 係美籍華人，中文名字為戴威廉。胡宗剛、夏振岱著《中國植物誌編撰史》，上海交通大學出版社，2016 年 9 月版，第 250～251 頁。

1980 年期間，在落實政策時，特別是被抄家物品，胡先驌一生珍藏書籍、文物字畫、碑帖、手稿、信件等都沒有歸還。家屬也無可奈何，胡昭靜在接受採訪時，這樣說道：

> 林彪死後，在落實政策的過程中也並不令人愉快。大約是 1971 ～1972 年間，通知我們到植物所領回被抄走的東西。過去十幾間屋子裏的東西，在住了四個人的兩間房內如何放得下？結果領回後只好將家具等物堆在大門邊一間破門房裏，不久下雨該屋頂塌了下來，迫使我們不得不將家具處理掉，損失慘重。其他箱籠衣物等放在後院一間空房內，後來那間房又被別人佔了，把我們的箱子全部扔到院子裏，正值傾盆大雨，我們找不到地方放，淋了好幾天，才由我弟弟的朋友代找了一間破房臨時放一放，再陸續處理，衣物多已黴壞，損失也不小，至於書籍（上萬冊）至今還在植物所，聽說在香山，也不知道還有沒有。貴重物品如首飾、文物字畫、碑帖、手稿、信件等均指為「四舊」，未歸還。連我個人的結婚紀念品、幾篇文稿、兩本書稿，也被當作「四舊」抄走不還。我曾多次寫報告、面談要求完璧歸趙，均不得要領，結果落實政策，準確地說大部分落空了。就談這些吧，今天所談都憑記憶，時間久了，可能有不準確的地方（時間、地點等），但大體無誤。〔註 2588〕

1981 年 1 月，知識產權再次被保護。

> 陳封懷所言引起與會者極大重視，故此次常委會在確定尚未出版各卷冊編輯人選時，即考慮各卷冊編輯之歷史，其基本精神是：「實事求是，尊重別人勞動」。今不知陳封懷這番講話確切背景是什麼，但樺木科沒有署胡先驌之名，顯然符合「不文明、不禮貌、不道德的行為，應予以公開譴責」的範圍。但是，編委會對樺木科署名之事，並未予以公開譴責。因為此事是編委會自己所為，只能不了了之；但陳封懷之講話，讓編委會主政者幡然醒悟，故在《編寫

〔註 2588〕 《30 年前東方學術界一顆閃亮巨星隕落——胡昭靜女士訪談錄》，1995 年 9 月 28 日。採訪者：苗青、韓寧、李敏。本文原載中國科學院院史文物徵集委員會所編《院史資料與研究》，1995 年第 6 期（總第 30 期）。胡啟鵬主編《撫今追昔話春秋——胡先驌的學術人生》，北京燕山出版社，2011 年 4 月版，第 398 頁。

工作簡訊》還發表未署名之《講究文明、禮貌，樹立良好的科學道德風尚》短文，其云：「過去強調發揚風格、反對壟斷，有利於編誌工作，但對保護和尊重別人勞動成果上沒有足夠的重視，而遺留下一個漏洞，出現了某些不好的現象。陳老的建議適時地敲了警鐘，聲張了正氣。卷（冊）編輯是對一卷（冊）學術上即編輯、組織上負有實際責任，有的老前輩在《中國植物誌》工作一開始就指導自己的學生做了大量工作，為這一科打下了基礎，雖然現在不能工作了，或有的已經去世，把他們列為科編輯（一科多卷）或卷編輯之一，是完全應該的，尊重老前輩的勞動成果，絕不同於論資排輩。」由此可知，編委會對此前在編誌工作中，採取反對專家權威之做法，還是持肯定態度，而對類似樺木科署名抹去胡先驌之事，則認為這只是一個漏洞。此時之編委會，尚沒有建立科學研究之知識產權觀念。須知知識產權是激勵人們從事研究和著述基本動力之一，《中國植物誌》這樣一個龐大工程，若不建立在這樣一個基本價值之上，必然會造成許多事端，其最終勢難獲得成功。此前幾十年中反反覆覆，即是拋棄這一基本價值，最終如何，無須再述。此時，編委會雖未徹底覺悟，但已有所注意，此後類似樺木科署名事件，在《中國植物誌》中未曾發生。有些卷冊在出版時，老先生已去世，還不忘寫上老先生之名。秦仁昌、邢公俠合編第三卷第 1 冊蕨類，在 1990 年出版時，秦仁昌已經逝世，仍署秦仁昌之名。有些卷冊雖然是由後來者所寫，但在書的扉頁上還是寫上紀念前輩的話。如戴倫凱、梁松筠主持的第十二卷第 2 分冊之莎草科，於 2000 年問世，即寫有：「本書獻給我們的老師、莎草科研究工作的奠基者汪發纘、唐進兩位教授」。1995 年出版之王文采、陳家瑞主持第二十三卷第 2 分冊之蕁麻科，也寫有「作者謹以此書獻給中國近代植物分類學奠基者之——錢崇澍教授」。對於這些尊師重道致謝之語開始寫入植物誌時，感喟前後變化之巨，頗令人心酸。〔註 2589〕

　　1981 年 8 月 21 日～28 日，第十三屆國際植物學大會在澳大利亞悉尼召開，有代表 2798 人。

〔註 2589〕胡宗剛、夏振岱著《中國植物誌編撰史》，上海交通大學出版社，2016 年 9 月版，第 208～209 頁。

　　1983年10月，中國植物學會在太原召開50週年年會時，中國科學院植物研究所所長俞德濬通知胡先驌的門生們，中國科學院、江西省科委、廬山植物園已決定於1984年在廬山植物園內建造胡先驌的墓地。中國植物學會理事長俞德濬函云：胡先驌曾遺言歸葬廬山植物園，為促成此事，便積極開展工作，曾函呈當時全國政協主席鄧小平，並請全國政協常委吳覺農、錢俊瑞從中斡旋，同時也呈報江西省科委。在多方協助下，工作進展順利，並由廬山植物園自籌經費修建墓地。

　　據說胡先驌生前有遺言，要求百年之後安葬在廬山植物園中含鄱口旁邊。並且和秦仁昌、陳封懷三人曾經約定，三位廬山植物園的創始人百年之後都安葬在一起。當時建墓時，陳封懷要求把場地修大一點，可以安放三個墓地。如今，秦仁昌先生墓、陳封懷先生墓在胡老先生墓的左右兩側，陳寅恪夫婦墓也在不遠，是九江文物保護單位。

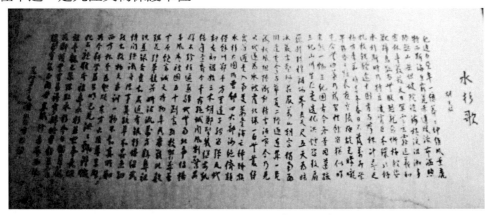

胡獻雅書，胡先驌著《水杉歌》

　　胡先驌墓地位於廬山植物園內的月輪峰下，座北朝南，東西、北三面環山，南面與含鄱口遙遙相對。整個墓地依山建築，分為三級。第一級為眺景平臺，南緣有精美的石欄圍護；石欄前方特意種植了四株胡先驌與鄭萬鈞定名的水杉，仰觀則含鄱嶺上的望鄱亭盡入眼底；眺景平臺的中央，安置石質詩碑，上刻曾受到陳毅副總理稱讚的胡先驌的長詩《水杉歌》和陳毅總理的讀後記。詩碑和碑文及墓碑均由胡獻雅書寫。第二級為過渡平臺，在空間上起眺景平臺到墓區的過渡作用，也是供人們悼念瞻仰墓區的場所。第三級為墓區，正中為墓穴，上蓋整塊花崗岩石棺蓋，棺蓋後豎灰色大理石貼面墓碑，上刻「胡先驌先生之墓」。

　　墓地東西北三面均有石砌腰牆，與周圍環境分割，成為獨立部分。整個墓地掩映在青松翠柏之中，既莊嚴肅穆，安祥寧靜，又顯示墓主一生熱愛自然，從事植物研究，特別是水杉定名上的貢獻。值得一提的是：左側有一名貴的歐洲三毛櫸一株，是陳封懷教授曾以五佰美金引進數株，只此一株成活，又名五佰美金。葉色金黃，秋後轉青，一反植物常規，今及常伴胡公靈佑，真算是有幸了。

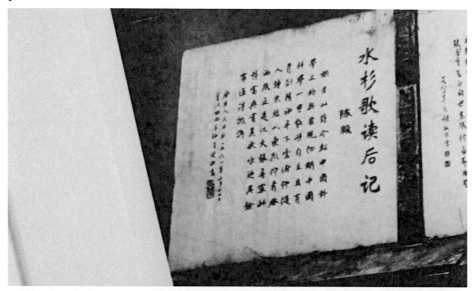

廬山植物園舉行胡先驌和夫人張景珩女士骨灰安葬儀式，中國科學院
植物研究所原副所長俞德濬院士致悼詞及家屬在墓前合影留念

胡先驌和夫人張景珩女士骨灰安葬儀式

1984 年 7 月 10 日，俞德濬、陳封懷等教授和胡先驌的家屬共百餘人，在盧山植物園松柏區水杉林內參加了莊嚴肅穆的胡先驌和夫人張景珩女士骨灰安葬儀式。俞德濬致悼詞，詳細回顧了胡先驌一生所走過的道路，充分肯定了胡先驌一生愛祖國，愛科學的高尚情操，是我國傑出的植物分類學家，是我國近代植物學重要奠基人之一。最後胡先驌幼子胡德焜代表親屬講話，詳細介紹了胡先驌逝世前後情況：胡先驌在「文化大革命」初 1966 年 8 月，被逼由居住了數十年的北京石附馬大街 38 號一幢約 300 平方米住所遷出，搬到一間僅有 10 平方米的斗室，平生珍藏的圖書、資料以及尚未發表的研究成果，散失殆盡；正在進行的《中國植物誌·山茶科》的編寫工作，也被迫中斷。但胡先驌在這樣極為艱難的日子裏，仍不斷思考寫作，直到最後連稿紙和筆都被抄走了，才不得不停止工作——這對一個勤於研究，善於思考，從不懈怠的學者、長者，是怎樣一種裂骨椎心的打擊啊！就是在這種情況下，他想的仍是這樣兩件事：一是日本要求和我國合編《中國植物誌》，他耿耿於懷，他說中國的事情中國能做，他自己就在做，可惜的是他今天連紙筆都沒有了；二是惦記盧山植物園的安危，怕植物園的植物的葉子被牛羊吃了……胡先驌就是在這樣憂慮中挨鬥陪鬥的，憂憤交集、剛烈的他，終於心臟病猝發，於 1968 年 7 月 16 日凌晨逝世。逝世後「死無葬身之地」。公墓不給安放，單位也不出具證明，骨灰只能在子女家中轉輾收藏……。〔註 2590〕

1984 年，為胡先驌樹立碑文。

> 碑文曰：「胡先驌（1894～1968）先生，江西新建人。早年兩次留學美國，二十四歲任教授，是我國著名植物分類學家，我國近代植物學重要奠基人之一，盧山植物園創始人。一生共發表論文一百五十餘篇，出版書籍近二十冊，培養了大批植物學人才，他和鄭萬鈞共同發表的水杉論文曾轟動全世界，是近代植物學重大發現之一。」

對自己僅作如下介紹：

> 照中國習慣，作文品評人物無自我介紹之例，然為求科學史實計，亦不得不犯此忌；蓋作者領導植物學三十年，雖欲不述亦有不

〔註 2590〕汪國權《胡先驌與盧山》，胡啟鵬主編《撫今追昔話春秋——胡先驌的學術人生》，北京燕山出版社，2011 年 4 月版，第 46～47 頁。

可之勢，故作本人之簡單經歷如下。胡先驌，字步曾，1894 年生於江西之南昌。美國加州福尼亞州立大學植物系學士、哈佛大學科學碩士博士、盧山森林局副局長、南京高等師範學校農業專修科及東南大學生物系教授及主任、北京大學名譽教授、北京師範大學生物系導師及教授、中國科學社生物研究所植物部主任、靜生生物調查所植物部主任兼所長、中正大學校長、中央研究院評議員及院士、中國科學院植物研究所研究員、北京博物學會會長、中國植物學會會長、英國愛丁堡植物學會會員、中國地質學會會員、中國科學社理事、第七屆國際植物學會副會長。專長植物分類學，植物地理學，新生代古植物學，著有中國植物圖譜五冊、中國蕨類圖譜一冊、中國森林樹木圖誌一冊、山東中生植物誌一冊、植物小史、譯訂世界植物地理，種子植物分類學講義等書及論文四十餘篇；曾創立一多元的被子植物新分類系統，並發現水杉等新奇植物。〔註2591〕

中正大學海內外校友祭拜胡先驌

他的英名事蹟，已經收入了《辭海》（1982 年版），這是黨和人民對他永恆的紀念。云：

胡先驌（1894～1968），中國植物學家。號步曾，江西新建人。曾任南京高等師範學校、東南大學、北京大學、北京師範大學教授和中正大學校長，中央研究院評議員和院士。與秉志創辦中國科學社生物研究所和靜生生物調查所；並創辦盧山森林植物園，為發展

〔註2591〕 胡先驌著《北京的科學運動與科學家》，黃萍蓀主編《北京史話》（上編），子曰社出版，1950 年 12 月版，第 73～74 頁。

中國動植物分類學創造了條件。建國後，任中科院植物研究所研究員。從事植物分類學、古植物學和經濟植物學的研究。曾發表水杉、秤錘樹、木瓜紅等新屬和新種論文百餘篇；提出被子植物出自多元的分類系統。主要編輯《靜生生物調查所彙報》，主要著作有《中國植物圖譜》（與陳煥鏞合著）《中國蕨類植物圖譜》（與秦仁昌合著）《經濟植物學》《經濟植物手冊》等。

胡先驌先生墓誌銘

中國植物分類學的奠基人胡先驌生於 1894 年 5 月 24 日（清光緒 20 年），卒於 1968 年 7 月 16 日，享年 74 歲。在他長眠的廬山植物園墓地上，有南京大學卞孝萱教授撰寫的碑文，徐林義書丹。

胡先驌先生紀念碑文

胡先驌先生字步曾，號懺庵，江西新建人，生於清光緒甲午。幼而穎異，過目成誦，五歲畢四書、詩經，有神童之譽。十一歲入庠，辛亥後兩度赴美，獲博士學位。

先生素懷科學救國之志，一生為之奮鬥。以教育言，歷任東南大學、北京大學、北京師範大學教授，為中正大學首任校長，盡心竭力培養人才，獎掖後進，門牆桃李遍於天下。以科研言，發起中國科學社、中國植物學會，創建靜生生物調查所、盧山森林植物園、雲南農林植物研究所。開拓中國植物學之新領域，三次出席泛太平洋學術會議，發表多篇中國植物區系之開創性論文。活化石水杉之發現與命名，尤為融合古今植物研究之重要貢獻，引起全世界植物學界之震驚。共出版專著二十餘種，發表論文一百四十餘篇，被選為中央研究院第一屆院士。先生不僅為中國近代植物分類學之主要奠基人，又善詩詞、善文學評論，為南社社員、學衡主將。陳散原老人評其詩意理氣格俱勝，所賦水杉歌富典，實為史無前例之科學詩。可見先生融貫新舊中西文化之特色。

一九六八年先生逝世，終年七十四，後骨灰遷葬於盧山植物園水杉林內，茲謹述先生生平與學術之犖犖大者以告天下後世，俾知所景仰焉。

公元二千年南京大學教授卞孝萱拜撰並書（加蓋卞氏章）。

1987 年 7 月 23 日～30 日，第十四屆國際植物學大會在德國西柏林召開，有代表 3546 人。

「國立中正大學」在嘉義縣正式成立

1989 年 7 月 1 日「國立中正大學」在嘉義縣正式成立，由教育部次長林清江博士任校長。國立中正大學臺灣校友會從五十年代起，屢次奔走，請求復

校，江西籍立法委員和國大代表共 101 名提出提案要求在臺灣恢復「國立中正大學」。教育方針主要是：結合傳統人文哲學及西方科技新知，促進學術的結合與交流，適應當前建設及未來發展，致力高級人才的培養。本著人文與科技兼顧，研究與教學並重，理論與實踐相融的原則。1992 年臺灣公布 12 所大學評鑑報告中，該校 3 項指標排名第一，副教授以上人數占專職教師人數 85.29%，僅次於臺灣清華大學而屬第二位。到 2000 年止，學校設置文、理、社科、工、管理、法律、教育等七個學院，設有 22 個學系，28 個研究所，34 個碩士、21 個博士授予點，22 個碩士專修班。教師人數計 412 人，其中教授 111 人，副教授 177 人，及助理教授、講師、助教、軍訓教官等 124 人，百分之九十具博士學位（助理教授以上為百分之九十九）。學生計 7475 人，其中大學部學生 5092 人，碩士生 1960 人，博士生 423 人，碩士生 341 人，男女生比例約 2：1。另有碩士專修生 1034 人。

臺灣出版《胡先驌先生詩集》

　　1992 年 5 月 21 日，臺灣出版《胡先驌先生詩集》（又名《懺庵詩稿》），印 3500 冊，非賣品，謹以此集紀念國立中正大學首任校長胡先驌（1940～1944）百齡冥壽。國立中正大學全體在臺校友恭印。由譚峙軍主編，龔嘉英校讀。該《詩集》以錢鍾書先生選編《懺庵詩稿》為主，增加詩《南征十二百五十韻》。前面增加了先生墨寶四幅和各個時期照片八張，龔嘉英寫了詩稿提要，譚峙軍寫了編後記，附有先生年譜及龔嘉英一首、王諮臣二首詩。該書印製頗為精美、設計考究，墨綠色壓紋重磅書皮紙，燙銀封面，配以駝色壓花厚紙環襯，內文

六十克道林紙印，五號楷體直排，雙邊框加欄線，完全是仿線裝書格式。32 開本，雖是鎖線平裝，卻自有一番古樸典雅之氣，莊重大方，與舊體詩及詩之內容，顯得相當協調。在印詩集之前還有鮮為人知的故事。1991 年 9 月，臺灣中正大學校友譚峙軍會長首次訪問上海，半個世紀重逢歡聚，心情的激動可想而知，胡德熙向譚峙軍會長談到其父生前所寫的詩，全部交給錢鍾書，挑選出一部分鉛印成集，苦於資金，無力出版。譚峙軍會長熱情爽朗，心直口快，應允代為設法，返臺後即在校友會上提出，全體校友一致同意大家一起募捐，他們承擔所有印刷費用。所以這本詩集來之不易，是臺灣校友們耗費大量心血的成果。

1993 年 8 月 28 日～9 月 3 日，第十五屆國際植物學大會在日本橫濱召開，首次在亞洲召開，有代表 4275 人。

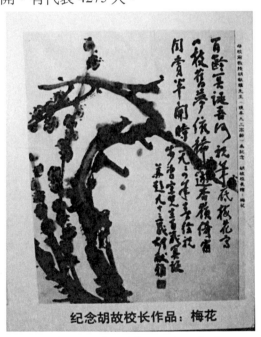

紀念胡故校長作品：梅花

胡獻雅作《梅花》，紀念胡先驌

1994 年 4 月 25 日，陳癸尊在胡先驌誕辰 100 週年紀念大會上的講話。

尊敬的各位嘉賓、朋友們、同志們：

今天，是我國近代蜚聲中外的科學家、原中正大學首任校長胡先驌先生誕辰 100 週年紀念日。江西師範大學、中正大學、南昌大學校友會聯合舉行紀念大會，緬懷胡先驌先生的生平事蹟，這對於我們弘揚胡先驌先生的愛國主義精神，學習他熱愛科學、追求真理

的高尚品德，加快現代化建設步伐，振興江西科技和教育事業都具有十分重要的意義。

胡先驌先生是我省新建縣人，是我國著名的自然科學家，一生致力於植物分類學研究，並在這一學科領域作出了重大貢獻。他提出的「被子植物出自多元的分類系統」理論被植物學界稱為「胡先驌系統」。1948年，他與鄭萬鈞教授一起，將在四川採集到的一種植物標本正式命名為「水杉」。這一重大發現和命名，引起了國際生物學界的極大震驚。

胡先驌先生同時又是一位成績卓著的教育家，曾先後在南京高等師範學校、東南大學、北京大學、北京師範大學等學校擔任教授。1940年，他在戰亂之際，毅然出任中正大學首任校長，擔負起為國家培育高級人才的重任。

胡先驌先生一生光明磊落，正氣凜然，熱愛祖國，熱愛人民。1943年，中正大學法學院學生為賑濟災民開展義演活動，受到當局無理干涉，國民黨江西省黨部來校責問，當即遭到胡先驌先生的嚴詞拒絕，並憤而辭去校長職務，以伸張正義。

今天，我們紀念胡先驌先生，就是要學習他熱愛祖國、熱愛人民、熱愛家鄉的崇高精神，學習他崇尚科學、追求真理、正義凜然的高尚品德，學習他勤懇務實的工作作風，並以此激勵我們把國家的科技和教育事業以及各項工作不斷推向前進。

胡先驌誕辰100週年紀念大會

　　江西是一個內陸省份，包括科技和教育事業在內的許多方面，與沿海發達地區相比，還存在著不小的差距，這就要求我們奮起直追，迎頭趕上。胡先驌先生生前對家鄉的建設就十分關心。早在 1930 年，在第五屆國際植物學會之後，即上書要求重視農業，重視科學，倡議創辦「江西農業院」。作為胡先驌先生的後來者，建設江西，發展江西，是歷史賦予我們的重任，責無旁貸。振興江西，首先就必須振興江西的教育。希望江西的科技界、教育界，尤其是各高等院校要在建設有中國特色社會主義理論和黨的基本路線指引下，抓住機遇，深化改革，擴大開放，促進發展，保持穩定，克服面臨的一切困難，為江西培養出更多的建設人才，創造出更多的科技成果，為江西的騰飛作出新的、更大的貢獻。我們還歡迎胡先驌先生的門人弟子，特別是遍布海內外的畢業於中正大學、南昌大學的諸位學長，秉承胡先生的一貫教誨，弘揚胡先驌先生愛國、愛民、愛鄉的精神，一起來關心、支持和幫助江西的建設，為江西的發展作出自己的貢獻。

　　朋友們，同志們，我相信，通過全省人民齊心協力、共同奮鬥，以及社會各界和海內外愛國人士的關心、支持，一定會使我省的改革開放和現代化建設得到更快更好的發展。謝謝大家！〔註2592〕

紀念胡先驌校長誕辰一百週年專刊　　紀念胡先驌先生誕辰 100 週年專號

〔註2592〕陳癸尊著《在胡先驌誕辰 100 週年紀念大會上的講話》。胡啟鵬主編《撫今追昔話春秋——胡先驌學術人生》，北京燕山出版社，2011 年 4 月版，第 500～502 頁。

1994 年 5 月 24 日，胡德熙、符式佳在胡先驌誕辰 100 週年紀念會上的書面講話。

尊敬的各位師長、各位學長：你們好！

今年 5 月 24 日為先父步曾公 100 週年誕辰，我們於三四月份接連收到南昌、臺灣、上海等地校友會發來徵集文稿的信函，告知將於該日召開座談會和紀念會，並將紀念先父的文章刊登於《校友通訊》上，本月 14 日上海校友會彭立生會長偕同江西校友會歐陽侃副會長前來舍下，承歐陽副會長相告，江西總會將於 5 月 24 日上午隆重召開紀念會，並邀請省有關部門首長蒞臨參加，下午召開報告會，次日將去廬山植物園掃墓，希望我們能去參加那兩天的活動，我們心情非常激動！我們對國家、社會以及母校均無所貢獻，承蒙師長、學長們的錯愛與關懷！內心感到萬分榮幸！

1989 年上海校友會成立時，得知臺灣早已成立了校友會，改革開放使海峽兩岸溝通後，大陸已有不少城市於 1988 年陸續成立了校友會，大陸校友總會設在江西師範大學內，海峽兩岸的校友會都出版了《校友通訊》，兩岸校友加強了校友間的頻繁交流，更加強了相互間的感情交流！

1991 年上半年從上海校友會副會長熊大棠學長處得知臺灣校友會已編輯出版了一冊《國立中正大學 50 週年校慶特刊》，是由當時任臺灣校友會理事長的譚峙軍學長親任主編，內容極為豐富，有關先父的文章篇幅甚多，「紀念特刊」是 1990 年校慶時印刷出版的，我們擔心已被分贈完畢，於是立即上函譚理事長請求賜贈，譚理事長為人爽直，辦事迅速，使我們很快收到了這本精美寶貴的紀念專刊！文章分門別類，有「專載、特寫」「言猶在耳」「論述集錦」等等，尤其是「吾愛吾師」和「懷舊憶往」兩專欄都是海峽兩岸的師長、學長所撰寫的極為感人之文章，喚起我們無限美好的回憶！更使我們感受到師長和學長們對先父懷念、愛戴和深厚精義！我們被深深的感動。心情萬分激動！

我感謝臺灣校友會為先父詩集的出版印刷向校友會的師長、學長募捐，感謝師長和學長們慷慨捐款資助，又承臺灣校友會理監事一致通過主動承擔印刷出版的繁重事宜，由譚理事長親任主編，龔

嘉英學長校讀，夜以繼日、廢寢忘食，以驚人的速度於 1992 年 5 月將 3500 冊紙張及封面設計都極其精美大方的《胡先驌先生詩集》問世了，終於使先父生前多年的心願得以完成，這使我們心中怎能不欣慰、不感激！

除贈送臺灣當地和海外需要大量的人力物力外，贈送大陸校友們共 1700 冊，又費力設法輾轉香港海運抵達上海，此後承江西校友總會出資又出力協助運贈各地校友會，再分贈到當地校友手中，感謝江西校友會大力支持並協助我們完成這一艱巨任務！由於「詩集」引發了天津校友會張大為學長，他認為先父的文章很多，應該出文集，因此開始做「文存」的搜集工作，在此之前的 1991 年我們就收到以他為主編的《中正大學、南昌大學校友通訊錄》。這是一項極有意義的工作，為全體校友作出了重大貢獻！各地校友都大力支持、盡力協助找尋各地校友的下落，我們向為這項工作盡力的學長們致敬！

張大為學長搜集先父以往刊登在各報刊上的文章，經過兩年多的努力，走南闖北，得到海峽兩岸校友的大力支持與捐款資助，在聯繫印刷出版方面又得到江西校友總會的大力幫助，「文存」上卷不久即將問世了。

先父於 1944 年卸任離校，至今已整整半個世紀了，他萬萬不會想到經過 50 個春秋，見過他的和沒見過他的師長和學生，對他都如此愛戴、懷念！蘊藏著深厚的情義！50 年後的今天，大家都懷著敬意紀念他的 100 週年誕辰！這是何等感人的場面啊！先父若地下有知，定當含笑欣慰於九泉！也使我們感到我們中華民族的偉大，所有事實證明我們的校友充分發揚了我國數千年古國「尊師重道」的精神，優良傳統的美德，堪稱楷模！我們由於健康原因，不能前來參加你們為先父舉辦的隆重紀念會，深感遺憾！辜負了大家的盛情！深覺歉疚！懇請大家原諒！謹在此向各位致以衷心的感謝並致崇高的敬意！敬祝身體健康！萬事如意！〔註 2593〕

〔註 2593〕 胡德熙、符式佳著《在胡先驌誕辰 100 週年紀念大會上的書面講話》。胡啟鵬主編《撫今追昔話春秋——胡先驌學術人生》，北京燕山出版社，2011 年 4 月版，第 506～508 頁。

江西師範大學領導在胡先驌墓前祭拜

在胡先驌墓前留影，左起：楊滌青、林英、胡楷、李樹源、歐陽侃

1994 年 5 月 25 日，李樹源在拜謁廬山胡先驌先生墓園儀式上的講話。

各位來賓、師長、學長，同志們：

今年是江西師範大學前身——中正大學首任校長胡先驌先生誕辰 100 週年。昨天，5 月 24 日，胡故校長百歲冥誕紀念日，母校和中正大學、南昌大學校友會聯合舉行了隆重的紀念大會和學術報告會。今天，我們一行數十人專程來到廬山，拜謁胡故校長的墓園。廬山素以雲霧著稱，今日天公作美，風和日麗，是少有的好天氣。匡廬巍巍，松柏蒼蒼，我們肅立在胡故校長墓前，緬懷他的光輝業

績和高尚風範，追念他的哺育教誨，內心充滿了敬仰、感激和奮進之情！

胡先生是國際傑出的植物學家，我國植物分類學的奠基人，是著名的教育家、文學家和詩人。他以他精湛的科學造詣，卓越的事業成就，為人民建立了功勳，為祖國贏得了榮譽。他以天下為己任，憂國憂民，愛國報國。他心胸坦蕩，耿介為懷，剛正不阿，正氣凜然。他不為名利，不畏艱險，鍥而不捨，勇於開拓。他愛生如子，教導有方。為培育青年，他嘔心瀝血。為保護學生，他不惜掛冠而去。胡先生的報國之志，凜然之氣、敬業之心、愛生之情，融合凝煉，在我們面前矗立起一座高大的形象，一個永遠值得我們學習的楷模。

當前，我們的國家正處在建設有中國特色社會主義的關鍵時期。歷史賦予我們這一代中華兒女的任務光榮而艱巨。景仰先哲，策勵後輩。我們要很好地學習胡故校長高尚的精神和風範，熱愛祖國，忠於人民，在黨的領導下，在鄧小平建設有中國特色社會主義理論的指引下，團結一致，再接再勵，為振興母校、振興江西，為把我國建設成為富強、民主、文明的社會主義現代化國家，作出我們新的貢獻！〔註2594〕

《胡先驌文存》上卷

〔註2594〕 李樹源著《在拜謁胡先驌先生墓園儀式上的講話》。胡啟鵬主編《撫今追昔話春秋——胡先驌學術人生》，北京燕山出版社，2011年4月版，第500～502頁。

1995年8月，《胡先驌文存》上卷，江西高校出版社出版。

《胡先驌文存》編委會，張大為、胡德熙、胡德焜為主編。林英、譚崎軍為顧問。編委（按地區排名，不分先後）楊文軒、鄭誠章、吳克昌、曾振、戈戚揚、陳忠忱、陳文龍、施溥、周紹模、王諮臣、陳謙、史修慶等十二位。《胡先驌文存》上卷，江西高校出版社1995年8月第一版。收集了作者現存的古典詩詞及有關人文科學、社會科學方面的學術論文、短論及講演記錄，大部分是散見於各報紙刊物上已發表過的文章，小部分是劫後殘存未發表過的手稿，出版的月份是為學術界研究作者的學術思想提供一份較詳細完整的原始資料。文章按發表時間順序排列，文章原載刊物詳見卷末所附的胡先驌著作及論文總目錄（人文科學部），個別文章未能找到原文，仍將篇各列入總目錄備查。

1996年5月22日～24日，中正大學江西校友會在南昌江西師範大學舉行了胡先驌銅像揭幕儀式。

　　1996年5月22日至24日，中正大學江西校友會在南昌江西師範大學舉行了胡先驌校長誕辰追思活動。參加這次活動的有：以譚崎軍為領隊的臺灣校友譚崎軍、戈戚揚（夫婦）、曾安仁（夫婦）、羅時晟、羅丙蓀、胡棠、鄭菊生、熊光興、朱守謀等11人；大陸校友劉炳、林芬、熊大棠（以上上海）、周思孟、黃邦和、施亞光（以上湖北）、張大為（天津）、朱敬則（湖南）、陳柏雲夫婦（安徽）、邵定中夫婦（江蘇）、李道和（廣東）、黃友梅（福建）、萬元善、熊大榮、梅根榮、宋鏗、章士美、陳文旅、毛禮鎂（以上南昌）、吳翼鑒（九江）、陳慶麟（吉安）等22人；親屬胡德焜夫婦、孫女胡曉江夫婦等4人；江西校友會會長李樹源、副會長楊小春、鄒道文、歐陽侃，秘書長鍾善治，南昌校友會副會長楊方泰、徐文星、胡其鈞、李春發，正副秘書長陳謙、陳離文、史修慶等。另外還有幾位聞訊前來的校友參加了部分活動。

　　5月22日下午，臺灣校友、大陸校友、胡校長親屬以及江西師大和廬山植物園有關人員共計36人專程前往廬山胡先驌校長墓園，為胡校長掃墓。廬山植物園負責人就地採集鮮花，由譚崎軍校友主祭，行三鞠躬禮，向陵墓敬獻鮮花一束，默哀悼念。禮成後眾校友在墓前流連徘徊。墓前幾株矗立挺拔的水杉引起校友的懷念，於是

三五相約，攝影留念。下午還有點時間，校友急忙到附近的含鄱口景點遊覽，遊興盎然。23日中午回到南昌住處。

24日這一天，追思活動安排得既緊湊，又豐富多彩。上午8時30分，在江西師大校史陳列室舉行了胡先驌銅像揭幕儀式，到會50餘人。會議由李樹源校友主持，江西師大副校長鄒道文講話，講話的還有李樹源、譚峙軍兩位校友，說明塑建銅像緣由和建造過程中的情況，在頌揚校長的高尚人品和學術成就的同時，要求大家繼承校長風範，發揚其熱愛國家、學有專長、辦學認真、愛生如子的優良作風，使之遺傳後進，永垂千古。

揭幕儀式完畢後，學校領導李佛銓校長帶領與會人員參觀了校史陳列，觀摩了畫展。接著前往顯微亭憑弔姚顯微烈士骨灰安葬地，瞻仰追悼，合影留念。

參觀江西師大圖書館也為上午主要活動之一。在校史閱覽室內，藏有正大、南大的大量檔案資料。校友們饒有興趣地翻閱了當年正大的文書檔案，不少校友發現了記有本人的文書記錄，有入學註冊名單，有貸金和獎學金的發放實錄，有校友受獎勵和處罰的文書布告，也有畢業生名冊和畢業時戴有學士帽的照片。而一冊冊正大校刊登載的文章、詩詞，更使校友愛不釋手，欲罷不能。只聽得眾校友嬉笑叫嚷，這是有的校友發現了有關自己的文書檔案，勾引起當年在校時的陣陣回憶。

24日下午，中正大學江西校友會在師大逸夫樓會議室召開了「胡先驌校長誕辰追思活動座談會」。參加這次活動的所有人員均參加了座談會議。會議由楊小春校友主持，繼由譚峙軍、羅時晟、宋鏗、章士美，熊大榮、陳文棟、毛禮鎂、胡德焜、鄒道文等人發言，楊小春做了總結性講話。在這次座談會上，校友們談起了當年與胡校長接觸時的情景與感受，既有諄諄教誨，又有嚴厲批評，既有無限敬仰的心情流露，又有受益匪淺的切身感受，發言踴躍，情緒熱烈。

在座談會的當晚，校友們興高采烈地欣賞了由師大音樂系師生為此次活動舉辦的專場音樂晚會。使這次活動既進入了高潮，又打上了句號。

　　25日，部分臺灣和大陸校友前往井岡山參觀遊覽。27日後，校友代表們陸續離去，追思活動圓滿結束。〔註2595〕

胡先驌銅像揭幕儀式及追思座談會

〔註2595〕　史修慶著《永恆的懷念、深切的哀悼——胡先驌校長銅像揭幕活動紀實》。胡啟鵬主編《撫今追昔話春秋——胡先驌學術人生》，北京燕山出版社，2011年4月版，第520～521頁。

1996 年 5 月 24 日，鄒道文在胡先驌先生銅像揭幕儀式上的講話。

今天，我們來自海內外的胡先驌先生生前的弟子以及胡先生的親屬，懷著崇敬的心情在胡先生親手創辦的校園裏集會，為先生銅像的落成舉行揭幕儀式，縈繞在廣大海內外學長心中數十年的夙願在今天得以實現。

胡先驌先生是國際傑出的植物學家，我國植物分類學的奠基人，著名的教育家、文學家和詩人。先生一生熱愛祖國，為國效命；堅持真理，矢志不渝；潛心科研，成就斐然。尤其可貴的是，先生為培育人材，振興中華，毅然受命於危難之秋，在戰火紛飛之際創辦國立中正大學。先生嘔心瀝血，慘淡經營，愛生如子，誨人不倦，贏得了海內外弟子永久的尊敬與懷念；為了緬懷先生的光輝業績和崇高風範，追念先生的哺育教誨，策勵海內外校友會為民族的振興、祖國的富強和母校的發展再接再厲、奮發進取，江西師範大學和中正大學校友會決定在校園內樹立先生銅像。樹立先生銅像的動議為中正大學上海校友會於 1994 年底首倡，嗣經江西師範大學、中正大學校友會、中正大學臺灣校友會共同商議後，決定以募捐的方式塑建銅像。中正大學江西校友會於 1995 年 6 月 1 日向海內外校友及社會各界發出了《為塑建首任校長胡先驌先生銅像敬告海內外校友書》。倡議既出，海內外校友及社會各界咸表贊同，並紛紛慷慨解囊，玉成其事。從南到北，從東到西，從海內到海外，各地校友會組織或聚會或出文告，積極為銅像的樹立募集資金。在銅像的設計、鑄造過程中，江西、臺灣、南京、上海等省（市）的校友付出了大量的心力。其中，南京校會更是出力良多。在此，我謹代表江西師範大學、中正大學全體學長向關心、支持、幫助銅像樹立的各地學長、社會各界表示衷心的感謝。

巍巍銅像，永駐校園。後繼者必將以先生為楷模，以振興中華為己任，愛國報國，為早日把我國建設成為一個文明、民主、富強的社會主義現代化國家而奮鬥。願先生在天之靈安息！〔註2596〕

〔註2596〕鄒道文著《在胡先驌先生銅像揭幕儀式上的講話》。胡啟鵬主編《撫今追昔話春秋——胡先驌學術人生》，北京燕山出版社，2011 年 4 月版，第 521～522 頁。

1996 年 5 月 24 日，譚峙軍在胡先驌先生銅像揭幕儀式上的講話。

　　胡校長學富五車、學業精湛，他任校長的時候已經 47 歲，可他的真實年齡只有 10 歲，他在學術上是 100 歲，可他的道德文章已是千歲。在他的精心培育下，有一大批生活在戰爭年代的青年人成長起來了。胡校長不是一般的教育家，他對學生也不是採取簡單的教育方法，用現在的話來說，是言傳身教。他告訴學生們怎樣樹立起正確的人生觀，告訴學生們人生之路應該怎樣走。就我自己來說，對其他老師或許已經淡忘，但對胡校長我是不會忘記的。我一生無愧大節，受胡校長影響至深，永誌不忘。再看看我們正大校友，無論大陸、臺灣，還是海外，能夠在各自的職業上取得普遍而重大的成就，或多或少都受益於胡校長豐富的學識的傳教、高尚品德的感染，更受益於胡校長偉大人格的薰陶。這不僅使我們這一代深受教益，而且對我們兒孫，也會深受影響。

　　胡校長堅持原則，在原則面前決不動搖。最明顯的例子是他不聽蔣經國先生的屢次要求將正大由杏嶺遷至贛州，因為胡校長惟恐遷校有違創校初衷，而予婉拒，最後不得不在龍嶺建立分校而敷衍了事。這件事使蔣先生心存不快而耿耿於懷，終於辦了一所幹部學校。並從此對正大保持距離，幹校的學生可以分佈在黨政軍各個部門，而正大畢業生則從未受其直接任用過任何一人，遑談重用。這

在臺灣可以找到證明，但臺灣校友並未因此而消極，因為他們受胡校長堅持原則的影響而真誠地服務社會，任勞任怨、無怨無悔。

胡校長秉性淡泊，一生只想做學問，不想做官，因而常與權貴保持距離。有一次他在廬山講學，正好蔣介石也在廬山。胡校長擔心蔣會要他出仕，當聽說要找他時，他就不聲不響地溜下山去。這種淡泊明志的表現，對同學們的影響很大。

胡校長對學生的關懷、愛護，發自內心，毫無掩飾。當年杏嶺暴發傷寒病，文史系的熊振湜同學不幸病歿，胡校長撫棺痛哭，如喪自己的親人，這不是一般的校長所能做得到的。姚顯微教授和吳昌達同學犧牲後，當靈車抵達杏嶺時，胡校長痛哭失聲，悲傷至極。這種精神上的感染力，使在場師生無不同感悲憤！我認為這決不是在演戲，而是真情的流露，來之肺腑，發之至情！

在處理《民國日報》事件上，更體現了胡校長對學生的愛護和關懷。當年由青年劇社施亞光、羅時晟等同學主演話劇《野玫瑰》，《民國日報》某記者無票進場，遭到拒絕，惱羞成怒，竟在《民國日報》上歪曲報導，說什麼「演出成績欠佳，秩序尤其欠缺」。我出面交涉，要求更正，但遭拒絕。一再交涉無效的時候，我跳上正在用膳的餐桌，向同學們作了報告，於是群情激憤，直奔報社，衝撞打砸，釀成事端。當局嚴令追查，要學校懲辦。胡校長冷靜處理，曲予維護，引起當局不滿。我記得胡校長要我們這些「鬧事者」簽名認錯，就此了事，並囑我不要第一個簽名，免遭迫害。胡校長如此用心，意在保護我這個帶頭「鬧事」的學生。不意胡校長竟因此事的處理而致當局不滿，最終憤然辭職。因此說，我之所以能拿到畢業證書，是用胡校長的名位換來的。

胡校長還具有大無畏的精神，正義面前，絕不退縮。有一次，為了開除一位廣東同學，有的同學為此而群情激奮，心懷不滿，聲言要對校長採取暴力行動。胡校長在一次會議上講完話之後，羅教務長想勸胡校長由後門出場，免遭不測，但胡將手一甩，昂首挺胸地走出大門，並未遭到暴力。

中正大學江西校友會根據校友們的意見，塑建了胡校長的半身銅像，這是一件值得慶賀的事。祝願胡校長的精神將像銅像一樣永

遠保存下去，銅像常在，精神常在，直至永遠，永遠……

（史修慶根據講話整理）〔註2597〕

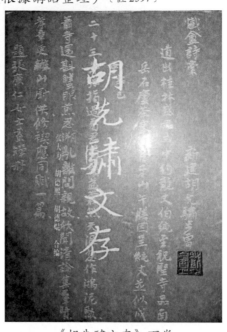

《胡先驌文存》下卷

1996年5月，《胡先驌文存》下卷，中正大學校友會出版。

《胡先驌文存》下卷，中正大學校友會1996年5月第1版，江西師範大學印刷廠印刷。下卷收集作者有關自然科學方面的學術論文、短論及講演記錄。作者的自然科學著述卷帙浩繁，其中有中英文專著21種，中英文論文170餘篇。下卷所收集的只是其中的中文論文和譯文，大部分是散見於各報刊的已發表過的學術論文、科普文章及講演記錄，個別文章是劫後殘存的未刊手稿。出版目的是為學術界研究作者的學術思想及其發展過程提供一份比較詳細的原始資料。所收文章分論文和譯著兩部分，均按發表時間順序排列。卷末附有《胡先驌著作及論文總目錄》（自然科學部分），詳細列出了專著、中文論文、譯文及英文的篇名，原載刊物名稱、期數及出版時間，英文論文並說明其所在頁數，以便查閱。但英文論文發表時，為中英文對照或同時在中英文刊物發表者，均不再列入英文論文目錄，在本卷中亦不刊載英文部分。

〔註2597〕譚崝軍著《在胡先驌先生銅像揭幕儀式上的講話》。胡啟鵬主編《撫今追昔話春秋——胡先驌學術人生》，北京燕山出版社，2011年4月版，第521～522頁。

深圳市仙湖植物園胡先驌塑像

1998 年 12 月 4 日～7 日，十位著名的植物學家塑像群在深圳市仙湖植物園揭幕。

中國植物學會第十二屆會員代表大會暨 65 週年學術年會在深圳市召開。這次大會是中國植物學會在本世紀最後一次大型學術盛會，會議的中心主題就是「邁向 21 世紀的中國植物學」。本屆中國植物學會的盛會選定在深圳市仙湖植物園召開，還有其特定的意義，這就是正值該植物園建園 15 週年，為此，12 月 6 日上午的大會期間，深圳市仙湖植物園為了紀念中國植物學研究的先驅者，園內建立了植物學家塑像群，其中就有鍾觀光、胡先驌、錢崇澍、陳煥鏞、陳嶸、鄭萬鈞、秦仁昌、俞德濬、陳封懷、蔡希陶 10 位著名植物學家，恰值中國植物學會十二屆會員代表大會在此舉行期間進行了揭幕。來自國內外數百名植物學家均參加了建園慶祝大會，隨後代表們還參觀了植物園的園貌等項活動。〔註 2598〕

〔註 2598〕 王希群、楊紹隴、周永萍、王安琪、郭保香編著《中國林業事業的先驅與開拓者——胡先驌、鄭萬鈞、葉雅各、陳植、葉培忠、馬大浦年譜》，中國林業出版社，2022 年 3 月版，第 203 頁。

1999 年 8 月 1 日至 7 日，第十六屆國際植物學大會在美國聖路易斯市召開，有代表 4816 人。中國科學院華南植物園胡啟明（左 3）參會。

江西师范大学(瑶湖)先驌楼

江西师范大学(瑶湖)方荫楼

江西师范大学(瑶湖)惟义楼

江西师范大学(瑶湖)名达楼

江西師範大學四位名人樓

2000 年 11 月 2 日～3 日，鍾善治參觀胡先驌校長舊居。

　　江西師大參加 60 週年校慶，校友會鍾善治秘書長陪同老校友組團往杏嶺、石口參觀憑弔。他們是：王方、凌熙華、李永權、程正盛、張世友，（代表萍鄉校友會）、胡玉薔、熊海航，（代表杭州校友會）、陳世荃牧醫、陳世芝（正大附中）（同時前往還有姚烈士的親屬：女兒勛和、女婿羅發瑞，兒子果原、兒媳魏淑蘊）。

江西師範大學胡先驌紀念館

　　受到姚顯微學校師生熱烈歡迎。校長劉慧和情況介紹，參觀了
中正大學校史陳列室，正大禮堂、胡先驌校長住處、和四教村等遺
址。登山拜謁烈士墓園，在默哀行禮後，紛紛攝影留念。部分人參
觀姚師舊居故址。翌日赴石口烈士拜謁殉國處。當年老房子仍在，
大家又分別在此處與烈士殉國紀念碑原址拍照。這是數十年來正大
校方、校友團體第一次回到母校發祥地泰和杏嶺，也是首次拜謁姚、
吳二烈士陵園及石口殉難處。姚果原將此行系列攝影整理成冊，分
送訪校友及各有關方面保存。〔註2599〕

江西師範大學領導傅修延（右1）、趙明（右2）等參觀胡先驌紀念館

〔註2599〕姚國源執行主編《浩氣壯山河——原國立中正大學抗日戰地服務團紀實》
　　　　　（上冊），江西高校出版社，2010年11月版，第69～70頁。

2003 年 9 月，水杉歌在北京植物園水杉亭鐫刻。

北京植物園水杉亭「問杉」區

北京植物園水杉歌

　　為紀念水杉這一植物學上的世紀發現，北京植物園在水杉林旁的壽安山下建立水杉亭。水杉亭（「問杉」亭）的匾額是由著名書法家歐陽中石題寫，在亭旁的岩石上鐫刻有胡先驌先生 1962 年作的《水杉歌》，並有植物園的題記：「1941 年我國前輩植物學者於鄂川交界之謀道（磨刀）溪，首見第三紀孑遺植物水杉（胡先驌、鄭萬

鈞一九四八年發表），逾三十年，我園得利川良種繁育，又歷卅年則喬木森然。根結谷底，幹欲凌雲，無分巴楚幽燕。更喜隙地僅存活化石，今得廣布，前賢後繼功不可沒。同仁倡構斯亭，並鑴《水杉歌》以紀」。在亭中有一個木製的指示牌，記有更為詳細的內容，也錄於此：「水杉是世界珍稀的子遺植物，遠在中生代白堊紀，在地球北半球有廣泛的分布。冰期以後，這類植物幾乎全部絕跡。1941 年水杉被我國植物學家在川鄂交界謀道溪（磨刀溪）發現，1948 年由我國著名植物學家胡先驌、鄭萬鈞教授命名。水杉在我國的發現是 20 世紀植物學研究的重大成果，具有極其重要的科學意義，是中國科學家對植物科學發展做出的巨大貢獻。我園於 1972 年得原分布區利川良種，繁育栽植於櫻桃溝內，歷經 30 年，蔚然成林，是我國北方引種水杉最成功的一片林地。應王文采院士和李承森、張治明、傅立國、余樹勳、董保華、劉金、孫啟高等植物學家的倡議，建造水杉亭（即問杉亭），以此紀念這一重大發現，宣傳普及珍稀植物的保護，緬懷為此付出不懈努力的科學家們的功績，倡導發揚中華民族的精神」。〔註 2600〕

〔註 2600〕 王希群、楊紹隴、周永萍、王安琪、郭保香編著《中國林業事業的先驅與開拓者──胡先驌、鄭萬鈞、葉雅各、陳植、葉培忠、馬大浦年譜》，中國林業出版社，2022 年 3 月版，第 203～204 頁。

2005 年 8 月 5 日，孫啟高博士在北京香山寫初稿，2009 年 5 月 14 日在美國康州定稿，寫給中國科學院第六屆學部主席團及執行委員會「關於追認胡先驌先生為中國科學院院士的建議」。指出：

> 啟動一項特別增選程序以追認已故著名植物分類學家胡先驌先生（1894～1968）為中國科學院院士。本項提議的目的在於：充分肯定胡先驌先生為發展我國植物科學事業所做出的傑出貢獻，認真貫徹中國科學院「唯實求真、協力創新、科學民主、愛國奉獻」之辦院方針，大力弘揚追求真理、勇於探索的科學精神，大力提升學術公信力，永遠激勵我國科學工作者發奮圖強，為不斷提升我國科學研究的綜合實力與國際競爭力而勇於創新。鑒於胡先驌先生係中正大學首任校長和中央研究院首批院士之特殊身份，本項提議對促進海峽兩岸科學與文化的交流和合作亦具有十分重要的現實意義。……

> 然而，由於反對李森科的非科學理論和有關政治傾向，胡先驌在 1955 年和 1957 年的中國科學院學部委員遴選中落選。這種結果在某種程度上真實地反映了冷戰時期中國科學院早期學部工作不得不面臨的種種客觀形勢。1957 年中國科學院增選學部委員，胡先驌又被列為候選人，但再次落選。一個人的命運與他（她）的性格和他（她）所處的歷史時代息息相關。胡先驌性格直率，鋒芒畢露，不畏高壓而公開反對李森科的偽科學，反映出先生學術廣博、求實唯真的科學精神，值得後學敬仰和學習。

> 胡先驌的科學貢獻和文學成就是有目共睹的。胡先驌先生是國際著名的植物分類學家，是「學高為師、德高為範」的楷模，他是我國現代植物科學史上繞不過去的代表人物之一，他是一位不該遺忘的學術大師。我認為，僅憑「活化石」水杉這一重大科學發現，胡先驌先生也理應成為中國科學院無可爭議的學部委員或院士！現呈上我的萬言書——特別建議中國科學院學部主席團及執行委員考慮追認胡先驌先生為中國科學院院士，懇請考慮。〔註2601〕

〔註2601〕2009 年 5 月 24 日，作者孫啟高博士發給筆者郵件全文摘要。

2015 年冬湖北省利川市謀道溪的一號母樹（吳西攝影）

2015 年冬湖北省利川市謀道溪的一號母樹全景，約 500 歲，謀道鎮離小河約二三十里（吳西攝影）

2018 年秋季美國哈佛大學哲學系樓前的水杉樹（吳西攝影）

　　2005 年 7 月 17 日～23 日，第十七屆國際植物學大會在奧地利維也納召開，有代表 4000 人。

　　2006 年 1 月，長江文藝出版社出版《八位大學校長》，作者智效民在本書簡介中說，本書展現 20 世紀上半葉的中國 8 位著名大學校長的教育觀念和豐富實踐，如蔣夢麟、胡適、梅貽琦、張伯苓、竺可楨、羅家倫、任鴻雋、胡先驌，這 8 位校長有 7 位留學美國。他們花大力氣將西方科學精神和教育理念引入中國，對中國著名高等學府的建設，對現代中國教育與學術體制的締造，做出了卓越的貢獻，積累了寶貴的經驗。本書不隨流俗，不囿偏見，擇其要者一一勾勒出來，頗具參考和研究價值。其中介紹「胡先驌與中正大學的命運」一文約 3 萬字，分為九個部分：一、毛澤東說「他是中國生物學界的老祖宗」；二、留美歸來，慨歎教育危機；三、二次歸來，討論教育問題；四、艱難時期出任中正大學首任校長；五、率真可愛的人格風範；六、提出「精神改造」的五點要求；七、為保護學生而辭職；八、抨擊專才教育，關注教育改造；九、後話。該書對瞭解胡先驌教育思想、教育理論、方法，以及對老師和學生都有一定現實意義。

　　2007 年，吳征鎰談繼承與發揚。

　　　　吳征鎰獲國家科學技術最高獎，在人民大會堂舉行頒獎儀式，此時吳征鎰年過九旬，腿腳不便，坐在輪椅上，接受國家主席胡錦濤予以頒獎，此乃其一生最高榮耀。其獲獎主要業績，主編《中國植物誌》當占重要分量。其後，吳征鎰接受中央電視臺《大家》欄目採訪，言其在中國植物學歷史中的貢獻，起到承前啟後作用。對於承前，他說：「我把我的老師的老師錢崇澍、胡先驌、陳煥鏞，他們開創的事業繼續下來，完成了《中國植物誌》的任務。」此說有些牽強，閱讀本書可知，在編誌過程中，老一輩開創之事業不僅不被認可，而是被貶損，直至他們大多數悲慘地離開人世，談何繼承。〔註2602〕

　　2008 年 2 月江西教育出版社出版，胡宗剛撰《胡先驌先生年譜長編》。胡宗剛先生利用十多年的時間，廣泛查閱檔案、報刊、雜誌，各種書籍，收集除《胡先驌文存》之外的文章、詩詞、楹聯及信札等。

〔註2602〕 胡宗剛、夏振岱著《中國植物誌編撰史》，上海交通大學出版社，2016 年 9
　　　　月版，第 235 頁。

2008年9月30日，舉行胡先驌文史研究室成立暨江西胡姓文化研討会主席台
前排右起：胡青、胡家煌、王炯堯、胡迎建、胡少春、李才棟、胡彪斌、胡懷根、胡衍科、胡江华。

2008 年 9 月 30 日，胡先驌文史研究室成立大會

2008 年 9 月 30 日上午，江西省譜牒研究會胡先驌文史研究室成立暨江西胡姓文化研討會於中共江西省委黨校學術樓報告廳隆重舉行。來自江西文化、教育、學術、藝術、新聞和企業等單位的胡姓專家、學者、企業精英以及全省市、縣（區）的胡姓宗親代表出席本次大會。江西省譜牒研究會及所屬分支，內設機構和團體會員單位：黃庭堅文史研究專業委員會、雷氏文化研究工作委員會、朱熹文史研究專業委員會、龔氏文化研究中心與涂欽、董楊、徐孺子、王氏、陶淵明、豫章熊氏和蕭氏文史研究室以及豫章王景蕭文史研究會共同發來賀信並到會祝賀。本次大會由江西師大教育學院院長、教授、胡先驌文史研究室副主任胡青主持。在主席臺就座的有胡少春、胡迎建、李才棟、王炯堯、胡家煌、胡彪斌、胡懷根、胡衍科、胡江華、胡兆祥、胡循展、胡啟鵬、胡宗剛、楊鳳光、王令策、彭堂華、陳煜。各市聯誼會會長和宗譜主編以及在昌工作的胡姓專家、學者、企業精英在前排就座。上午九時準，胡青院長宣布大會開始，全場一片歡騰。首先由江西省譜牒研究會副會長兼秘書長王炯堯教授宣讀組建胡先驌文史研究室批文及組成人員名單（另發），宣告江西省譜牒研究會胡先驌文史研究室正式成立，與會代表報以雷鳴般的掌聲。接著，由江西省社科院研究員、省古籍研究辦副主任、胡先驌文史研究室主任、《中華胡姓通

譜・江西篇》主編胡迎建作題為《以科學發展觀統領我們的胡先驌文史研究暨江西胡姓文化源流工作》的講話。他說:「中華胡姓源遠流長,歷代出現了不少名人,活躍在政治、軍事、文化諸多領域內,作出許多重要貢獻,推動了歷史的發展⋯⋯」迎建先生自漢代到新中國成立至今,列舉了一個個光耀千秋的人物之後說:「我們胡姓文化研究選擇胡先驌作為突破口,為弘揚江西先賢作出我們的努力,一定能產生新的成果。」(全文另發)胡先驌文史研究室副秘書長胡啟鵬在會上作胡先驌生平介紹;胡先驌文史研究室秘書長、江西師大文化研究院副院長胡江華作近半年來關於籌建胡先驌文史研究室的工作彙報以及徵集「胡先驌文史研討會」論文啟事的說明(全文另發)。之後,江西省胡姓宗親聯誼會秘書長、胡先驌文史研究室副秘書長胡兆祥代表「省會」宣布《中華胡姓通譜・江西篇》編纂委員會組成人員名單(另發)。「省會」聯絡部部長胡循展宣讀「省會」關於組建「江西省胡姓企業文化研究會」的倡議書。會上,江西省企業家聯誼會副會長、江西歐亞美房地產開發有限公司董事長胡彪斌,就「省會」倡議組建「江西胡姓企業文化研究會」(暫定名)的設想,發表題為《整合資源,凝聚人脈——為江西胡姓事業加油助燃》的熱情講話(全文另發)。

2009 年 5 月 24 日,紀念胡先驌誕辰 115 週年暨學術研討會。

紀念胡先驌誕辰 115 週年暨學術研討會 5 月 24 日於新建隆重舉行。原中共中央委員、中共江西省委書記萬紹芬出席。來自全國各地研究胡先驌學術思想的專家、學者 120 餘人與會。江西省社會科學院、江西省社聯、中正大學南昌大學江西師大北京校友會會長邱鋒、國立中正大學臺灣前期校友會前理事長譚峙軍、美國洛杉磯胡先驌孫女胡啟怡等分別發來賀信,江西省譜牒研究會、江西省黃庭堅文史研究會和黃氏源流文化研究會向大會贈送錦旗。為弘揚贛籍先賢著名植物學家、教育家、文學家、詩人胡先驌熱愛祖國、崇尚科學、獻身學術的高尚品德,由江西省譜牒研究會胡先驌文史研究室發起並承辦的「紀念胡先驌誕辰 115 週年暨學術研討會」5 月 24 日於新建縣新都賓館

貴賓樓學術報告廳隆重舉行。此次大會由中正大學——江西師範大學江西校友會、中共新建縣委、新建縣政府共同主辦,江西省譜牒研究會胡先驌文史研究室與中共新建縣委宣傳部、新建縣文化廣播電視旅遊局、新建縣社會科學學會聯合會具體承辦,並得到江西省社科院和江西省科技廳的大力支持。原中共中央委員、九屆全國人大常委、江西省委書記、正大——南大——江西師

大北京校友會名譽會長萬紹芬、江西師範大學黨委書記、校長傅修延、江西省
人大教科文衛委員會副主任李國強、江西省文化廳副廳長曹國慶、中正大學南
昌校友會原會長楊小春，以及江西省譜牒研究會主持工作的副會長王炯堯和胡
先驌文史研究室主任、江西省社科院研究員胡迎建等120餘人出席本次大會。

江西省委書記萬紹芬參加胡先驌紀念會

紀念胡先驌會議與會代表合影

　　本次紀念活動由新建縣政府縣長周亮主持。大會在莊重、大氣、充滿深厚文化底蘊的氛圍中拉開帷幕。上午九時，中共新建縣委書記胡敏致歡迎辭。接著萬紹芬、傅修延、李國強、楊小春等領導以及胡先驌哲嗣、北京大學博士生導師胡德焜教授等在大會上發表熱情洋溢的講話。萬紹芬說，胡先驌校長是我老師的老師，我是他學生的學生。胡校長曾經為江西在科學教育方面作了三件大事，至今產生深遠影響。1933 年，建議江西當局成立江西農業院，推廣農業技術，解決人民吃飯穿衣問題；1934 年，創辦廬山植物園，為我國第一個用於科學研究的植物園，使廬山成為世界文化遺產；1940 年，出任國立中正大學首任校長，為國家培養了大批棟樑之材作出了重大貢獻！今天，我應中共新建縣委、縣政府和江西省譜牒研究會胡先驌文史研究室之邀，特意從北京趕來參加胡先驌延辰 115 週年紀念活動，緬懷老校長，弘揚老校長崇尚科學、獻身學術、嚴謹治學的精神，很有意義。她說，你們的工作很紮實，有成效，會前我就得到了《論文集》，很了不起。會前，萬紹芬同志於新都賓館大廳與江西省譜牒研究會副會長王炯堯、胡先驌文史研究室主任胡迎建、副主任胡家煌、副秘書長胡啟鵬等一一握手，並親切交談。會議期間收到來自大洋彼岸──美國洛杉磯胡先驌孫女胡啟怡（碩士學位、電腦工程師，定居洛杉磯）和蔣麟（胡啟怡丈夫、臺灣人）與臺灣寶島──國立中正大學臺灣前期校友會前理事長譚峙軍和中正大學南昌大學江西師範大學北京校友會會長邱鋒以及江西省社科院、江西省社聯發來的賀信，對胡先驌文史研究室的成立及紀念活動表示「熱烈的祝賀！」會上，由胡家煌副主任代表胡先驌文史研究室接受江西省黃庭堅文史研究常務副會長黃澤民代表江西省譜牒研究會、江西省黃庭堅文史研究會和黃氏源流文化研究會贈送的錦旗。下午 2：30 時，胡先驌文史研究室秘書長胡江華主持學術研討會。首先由浙江大學文學院教授段懷清作《試論〈學衡〉前後胡先驌的思想文化主張》的學術報告，之後，中國科學院華南植物研究所植物學家胡啟明，以及許懷林教授、吳翼鑒先生、胡宗剛先生、汪國權研究員、王剛博士、胡水鳳教授等學者就胡先驌的「植物學與實踐」、「文化與文學」、「教育、政治、經濟」、「人格、家族、生平與交往」等課題作了深入精闢的闡述。大會前期收到來自全國各地的學術論文或紀念文章 30 多篇，已彙編成冊，將正式結集出版。下午 6 時，胡先驌文史研究室主任胡迎建先生致閉幕辭。大會在代表們留連忘返的濃濃友情中圓滿謝幕。5 月 25 日上午，部分與會代表乘專車前往胡先驌故居──新建縣聯圩鄉治平洲中胡村進

行考查，受到了當地鄉、村幹部和鄉親們的熱誠接待，給代表們留下深刻的印象。當日，《江南都市報》和《南昌晚報》分別作了相關報導。報導稱：「胡先驌是近代著名的植物學家，中國植物學的奠基人，中央研究院院士。1948 年，胡先驌與鄭萬鈞教授聯名發表的《水杉新科及生存之水杉新種》，轟動了全世界。被譽為「20 世紀植物界最重要的發現」；1950 年發表的《被子植物的一個多元的新分類系統》，在植物學界被譽為「胡先驌系統」。對此，毛澤東主席說，胡先驌是中國生物學界的老祖宗。胡先驌不僅是蜚聲國內外的學者，也是傑出的教育家。他曾為國立中正大學（昌大、江西師大、江西農大的前身）首任校長」。胡先驌（1894～1968）係新建縣聯圩鄉治平洲中胡村人，祖籍鄱陽，為明經胡氏，與胡適同宗共祖，稱為「兩個反對的朋友」。胡先驌自幼聰穎，讀京師大學堂後兩度留學美國，獲加利伯克大學學士學位，哈佛大學博士學位。領導和創辦中國第一個大學生物系、第一生物研究所，推動靜生生物調查所、廬山植物園等科研機構的創建。他是中國植物分類學之父和中國植物學會第一任會長。胡先驌的人格魅力和詩歌成就，為我們留下了豐富的精神財富和文化遺產。

江西農業大學先驌樓前合影，左二起：姚果源、胡德焜、楊志成、楊志遠、胡啟鵬

2009 年 11 月，智效民著《中國近代教育的奠基者——八位大學校長》，臺灣秀威信息科技股份有限公司出版。

　　2010 年 1 月，四川大學出版社出版，胡先驌著詩、張紱選注《懺庵詩選注》。全文 33 萬字，作者自序。選注者指出，在中正大學上學時，凡是我能找到的他（胡先驌）的詩詞，我都讀過。但那時多是一知半解。1945 年上半年，他暫居永豐時，我正在永豐中學臨時任教。我曾將自己的詩詞習作稿面呈請教，並經常聆聽他的教誨。為了讀懂他的詩，我自 1993 年得到臺灣正大校友會編印的他的詩集後，即著手做筆記。以後有張大為兄主編的《胡先驌文存》中的《懺庵詩》，我就與臺版對照起來讀。積十餘年的努力，編寫成此選注書稿。我希望此書能對讀者有一定的幫助，並且希望得到讀者的批評指教。鄙意選務求多，除明顯不含時宜和無關宏旨的，或與胡先生後來主張詩要醇厚詣意不合的外，一般都入選。這樣一編在手，基本上可見全貌，雖是選本，有如全集。注則務求其詳，暫未清楚的則付之闕如。有些詩篇，「注釋」之前加了「題解」，「注釋」之後又寫了「簡析」，有時還附有資料，體例比較靈活，方便詩者翻檢。

　　2010 年 2 月，《胡先驌傳》出版。《胡先驌傳》胡啟鵬著，由教育科技出版社 2010 年 2 月出版，全文 22 萬字，6 頁圖片，289 頁。中共江西省委書記萬紹芬，中共新建縣委書記胡敏，《江西詩詞》主編胡迎建為該書作序。對胡先驌學術地位，思想道德給予高度評價。第一章《七歲譽神童、留美樹棟材——胡先驌其家世，幼兒教育和留學生涯》。第一節西昌故里、人傑地靈；第二節遷居新建、明經傳家；第三節可憐兒七歲、猶解宦中情；第四節畫荻有慈母、賴得享翰墨；第五節乞得種樹術、將以療國貧。第二章《千山留足跡、成果譽全球——毛澤東主席說：「他是中國生物學界的老祖宗」》。第一節《高等植物學》與《中國種子植物屬誌》的問世；第二節開創中國學者自己採集標本，進行分類學研究的新紀元；第三節「中國植物學會」的成立與《中國植物學》雜誌的創辦；第四節世界植物學界譽為「胡先驌系統」的植物群分類；第五節科學成功推測我國川苔草植物之分布；第六節植物學家胡先驌在中學植物學上的貢獻；第七節曠世巨著《中國植物誌》的編纂；第八節首個中國大學生物系的奠基；第九節中國生物學的搖籃——中國科學社生物研究所；第十節蜚聲中外民間的科學機構——北平靜生生物調查所；第十一節最不容易被人抹去的一座豐碑——廬山森林植物園；第十二節一個世紀以來植物學界最重要的發現——「活化石」青青水杉；第十三節轟動全球填補山茶世界空白——植物中的「大熊貓」金花茶；第十四節一代植物學大師，其論文和專著曾轟動世界；

第十五節西南邊陲一顆璀璨明珠——雲南農林植物研究所；第十六節中國科學社書記、永久會員；第十七節江西省農業院董事。第三章《頂風捍真理、批判李森科——震驚中外的胡先驌事件》。第一節胡先驌著《植物分類學簡編》，引發風波；第二節學術問題上升為政治鬥爭；第三節堅持真理、拒絕檢討；第四節李森科利用政治強權、推行偽科學；第五節毛澤東支持科學性質方面的問題百家爭鳴；第六節李森科事件對我國生物學界造成了嚴重的影響；第七節遭遇不公，含冤逝世。第四章《國學大師、詩壇巨擘——胡先驌的文學思想及作品》。第一節南社成員；第二節學衡派首席發言人；第三節發山水之清音、寄風雲之壯志；第四節亙古未有科學詩——《水杉歌》。第五章《為經師人師者始能作育英才——胡先驌的教育觀點及實踐》。第一節教育思想初探；第二節國難時執掌國立中正大學。第六章《關心國計民生、提倡改革創新——不為人熟悉的胡先驌民營經濟思想》。第一節以有所為、有所不為為宗旨；第二節植物科學技術為國家經濟建設服務。第七章《獨立之思想、自由之精神——胡先驌教授奇聞軼事》。第一節知恥後更有為；第二節中國人瞭解我的人不多，國際上認識我的人不少；第三節世界上不僅有我胡先驌這個人，而且還有胡先驌這種東西；第四節堅持抗日、拒絕為日本人服務；第五節愛國愛生、耿直執著、傲視權貴；第六節精彩動人的講演、激勵莘莘學子；第七節關心中國政治之改造；第八節為和平解放北平、積極獻言獻策；第九節寄希望於中國共產黨——北平解放前夕胡先驌與中共地下黨再次接觸；第十節建議把水杉命名為中國的國樹。第八章《兩岸同悼、水杉永存——未被遺忘的胡先驌》。第一節修建墓地、瞻懷前賢；第二節海峽兩岸共同舉行胡先驌校長一百週年誕辰活動；第三節幾本關於敘述胡先驌書籍的介紹；第四節海內外中正大學學子，致力於反對臺獨，促進兩岸和平統一，獻言獻策，歷盡艱辛；第五節中正大學學子在美國創辦北京書屋，尼克松總統說：「感謝鄭誠章先生為中美文化交流所作的重大貢獻」；第六節二十一世紀是中國人的世紀——國立中正大學校友會在臺舉行兩岸學術交流會。第九章《前輩顯赫、後人卓越——介紹胡先驌群英薈萃的一家人》。第一節處江湖之遠則憂其君、居廟堂之高則憂其民——胡先驌曾祖父軍機大臣、北洋水師創始人胡家玉；第二節武英殿總纂、兩廣總督——胡先驌叔公胡湘林；第三節勤學求真理、獻身為國強——胡先驌族叔翰林院侍講胡藻；第四節堂妹海南省政協副主席、海南大學副校長胡楷教授，堂侄歷史學家胡德煌教授，侄孫植物分類學家胡啟明研究員；第五節胡先驌的後裔。

2010 年 5 月 21 日，江西師範大學圓中園，楊叔子院士（左 3）接見胡先驌文史研究室成員胡迎建（右 3）、胡家煌（右 2）、胡兆祥（左 2）、胡江華（右 1）、胡啟鵬（左 1）

2010 年 10 月 31 日江西師範大學校慶 70 週年，左起胡德焜、黃克智夫婦、胡啟鵬

　　2010 年 6 月，《胡先驌研究論文集》出版，江西師範大學建校七十週年專用書。該書由胡迎建、胡江華任主編，胡啟鵬為執行主編，萬紹芬、邵鴻為顧問，傅修延為編委會主任，石慶華為編委會副主任，張大為、吳翼鑒、王炯堯、李佛銓、李以鎮、聶國柱、鄒道文、魏家鳳、李國強、許懷林、王東林、余升

懷、鄭翔、胡敏、熊大冶、熊墨明、陶家柳、王剛等為編委。中國科學院楊叔子院士，江西師範大學傅修延校長為本書作序，文化藝術出版社 2010 年 6 月出版，38 萬字，427 頁。全書分為七部分。有照片三頁，部分照片首次公開發表。一、植物學與實踐。胡啟明的胡先驌對中國現代植物學之貢獻；張大為的《中國植物誌》第 21 卷樺木科作者之謎；汪國權的中國近代植物園之奠基——胡先驌與廬山植物園；胡平的水杉不死。二、文化與文學。段懷清的文化精英主義？文化民族主義？亦或文化保守主義？——試論《學衡》前後胡先驌的思想文化主張；許懷林的胡先驌的傳統文化觀與實踐；沈為威的作為文化保守主義批評家的胡先驌 9. 知識體系的轉型與文化傳統的守護：王剛的「二胡論戰」與《學衡》時代的胡先驌；李德成、方卉的守望傳統、回歸人文——胡先驌對傳統文化轉換的回應；胡江華的以文化散點解讀胡先驌老校長；葉青的胡先驌早期文學批評散論；胡穎峰的胡先驌的文學觀；胡迎建的更斫詩探天地秘——論胡先驌的詩歌成就及論胡先驌的詩評與詩論；賴華先的論胡先驌的廬山詩。三、教育、政治、經濟。李佛銓的大師之志、意象高遠——對胡先驌教育思想及今天兩項相關改革的探析；譚峙軍的創建中正大學的胡先驌校長；胡青的絃歌傳杏嶺、桃李育芬芳——胡先驌育人治學生涯術略；柳志慎、胡啟鵬李紅的原國立中正大學首任校長胡先驌博士的風範——緬懷永遠的老師；陶江的胡先驌的嚴學與嚴教；方卉、吳晶的淺述胡先驌的教育思想；王炯堯的胡先驌與熊育錫的道統淵源；李德成、方卉的淺談胡先驌政治思想芻論；胡啟鵬的關心國計民生、提倡改革創新——不為人熟悉的胡先驌民營經濟思想。四、人格、家族、生平與交往。李國強的雙峰競秀——陳寅恪、胡先驌的多難多彩人生；陶江的胡先驌與江西；胡宗剛的胡先驌研究二題；胡水鳳的鐵骨柔情——胡先驌先生崇高的人格；吳翼鑒的才氣、正氣、骨氣、勇氣、傲氣；姚果原的回顧胡先驌校長與戰地服務團；胡啟鵬的七歲譽神童、留美成棟材——記胡先驌家世、幼兒教育、留學生涯；王令策的君子之交淡如水——記父親王諮臣與胡校長先驌的交往。五、書評。傅修延的大師胡先驌——讀《不該遺忘的胡先驌》；馬金雙的新書介紹《胡先驌先生年譜長編》；張國功的一部年譜三點感觸——《胡先驌先生年譜長編》編後札記；陶家柳的《胡先驌傳》書評。六、紀念胡先驌誕辰 115 週年暨學術研討會上的講話。萬紹芬的我們的首任校長胡先驌；趙明的胡先驌關於教育的認識值得我們深思；胡的敏的在胡先驌學術研討會的歡迎辭；胡迎建的在胡先驌學術研討會的講話；胡兆祥、胡啟鵬的傳

承中華文化、弘揚科學精神——紀念胡先驌誕辰 115 週年暨學術研討會側記。
七、附錄及後記。王諮臣記、王令策整理的廬山暑期學術講習一月記（選錄）；
張大為的「政治之改造」發現了最早文本；胡先驌、蕭宗訓《未了知之人類》
譯者序；孫啟高的關於追認胡先驌先生為中國科學院院士的建議（摘錄）；胡
啟鵬輯的胡先驌著作論文索引，胡先驌研究專著、參考著作、期刊、論文索引；
胡迎建的在胡先驌文史研究室成立大會上的講話——以科學發展觀統領我們
的胡先驌文史研究工作；胡兆祥、胡江華輯胡先驌文史研究室大事年記。

巨型油畫《杏嶺群賢》在江西師範大學美術館正式展出，紀念中正大學創始人
這幅油畫長 7.26 米、高 2.56 米，再現胡先驌等一批學校開創者的集體群像

2010 年 10 月 31 日下午，江西師範大學校慶七十週年之際，在新建縣望城崗
中正大學舊址合影，左起，陶家柳、黃克智夫婦、胡啟鵬

　　2011 年 4 月，《撫今追昔話春秋——胡先驌的學術人生》出版，南昌大學
建校九十週年專用書。該書由南昌大學周文斌校長任編委會主任，南昌大學徐

求真黨委副書記、朱友林副校長任編委會副主任。編委由江西譜牒研究會王炯堯會長、中正大學校友會史修慶、陳謙、歐陽侃、張大力、張紱及胡先驌文史研究室胡迎建主任、胡青副主任等三十餘位專家、學者組成。江西譜牒研究會副秘書長胡啟鵬任主編，李鳴、黃長才任副主編，全書五十萬字，560 頁，2011年 4 月由北京燕山出版社出版。周文斌校長為該書作「江西省綜合性大學校長第一人」的序文，高度讚揚胡先驌校長為江西高等教育作出突出性的貢獻，並以此書獻給南昌大學建校九十週年。該書內容十分豐富，作者二百餘位，主要是中正大學海內外校友及胡先驌門生弟子。有的是與胡先驌親歷交往的回憶文章，有的是胡先驌學術思想論文，並且大部分文章沒有公開出版，時間跨度之大，從上紀世八十年代到至今，是一部研究胡先驌的重要文獻資料。照片 25張，部分歷史照片十分珍貴，很多是第一次公開與讀者見面，如胡先驌在抗日時同國府要員合影、中國首屆院士合影、胡先驌與中正大學師生及家屬合影。胡先驌給胡適、鍾仲襄書信手跡，給國立中正大學戰地服務團吳昌達烈士家屬吳季高的一封信。還有胡先驌作《水杉歌》，編《宋人萬首絕句》，為國立中正大學題寫校刊手跡。胡先驌代表著作照片。1984 年中國科學院俞德濬院士在廬山植物園胡先驌骨灰安放儀式致悼詞照片。近年來南昌大學黨政領導在胡先驌墓前，追思活動照片若干張。該書分十部分。第一篇是植物學與實踐。有原江西省委書記萬紹芬的《緬懷「中國生物學界的老祖宗」胡先驌》，中國科學院王文采院士的《「中國分類學之父」的身影》，中國科學院俞德濬院士的《植物分類學家胡先驌》，中國科學院吳征鎰院士的《撫今追著話春秋》，原海南大學林英校長的《胡先驌教授的生平》，原清華大學副校長解沛基的《杏嶺絃歌》，原湖南師範學院院長尹長民的《懷念胡先驌校長》，原江西植物學會會長程景福的《胡先驌先師在中國植物學發展史上的傑出貢獻》，原江西農業大學副校長章士美的《組建昆蟲系統生物學的可能性及初步設想》及家屬原海南省政協副主席胡楷的《憶家兄步曾先生二在事》等 15 篇文章，主要講述胡先驌在生物學上的貢獻。第二篇是文化與文學。周蔥秀的《新人文主義在中國的首次倡導》，張大為的《五四文學論戰的前因後果》，王諮臣的《胡先驌及其胡適之文學的論戰》，張謹之的《如何看待胡先驌反對胡適的白話文學的論戰》，張筱賢《略談胡先驌先生文學觀》，羅自梅的《「二胡之戰」述評》，張大為的《胡先驌論古體詩》，張紱的《「懺庵詩選注」序言》等 19 篇文章。主要講胡先驌在

文學上主張及對古典詩詞論述。第三篇是教育與中正大學。有胡先驌在開學典禮講話《大學生所應抱之目的及進德修業之方針》，歐陽侃的《論胡先驌的教育思想》，周思孟的《胡先驌校長之科研道路初探》，譚崎軍的《首任校長胡先驌博士主持校政前後期間略事》，鄧宗覺的《憶往事，思恩師，繼遺志，創大業》，周光裕的《回憶生物系初創，懷念胡校長》，曾廣然的《胡校長步曾博士精神永垂青史》，黃光亮的《對母校首任校長胡先驌博士的追思》，鄒嗣奇的《追思愛護學生的胡故校長》等 15 篇文章。主要論述胡先驌教育思想及在中正大學生追憶胡校長為人、教學等感人的事情。第四篇是人格、生平、交往。有馬克平《領略胡先驌的人格魅力》，胡迎建的《耿介學者胡先驌》，張大為的《胡先驌與南社》，鄭誠章的《胡適與胡先驌》，胡人義的《秉志與胡先驌摯友情深》，李敏《胡先驌教授與「基因論」的沉浮》，王諮臣的《胡先驌先生評傳》，羅自梅的《追憶胡先驌校長》，丁浩的《大公無私的胡先驌校長》，劉開樹的《堅持真理，敢天下之不大韙》，胡德明、鍾煥懈的《胡先驌事蹟拾零》，熊大榮的《熊氏家族與胡、陳兩府的世代情誼》等 23 篇文章。主要講胡先驌人格魅力，學術講演藝術，與胡適、秉志等人交往事情。第五篇是往事悠悠。解沛基的《我的懷念》、曹立瑛的《難忘杏嶺》，譚崎軍的《步公校長，學生怎能忘記你》，吳定高的《我與胡故校長交往二三事》，梁玉冰的《憶古道熱腸的胡校長》，龔嘉英的《回母校作專題演講的聯想》，羅友俶的《與胡校長四次唔談幾》，程時旭的《難忘的會見》，章士美的《追思胡故校長對我的教導》，熊大榮的《胡先驌校長對我的批評和勉勵》，宋家模的《使我感受甚深的一件事》，簡根源的《胡校長的遠見卓識》，黎功德的《胡先驌解放前與我地下黨的接觸》等 44 篇文章。主要記述胡先驌任校長期間，學生回憶往事。第六篇是杏嶺絃歌。解沛基的《杏嶺絃歌》，章士美的《悠悠杏嶺情》，江作昭的《杏嶺、長勝憶舊》，黃克敏的《憶事十憶》，郭善洵的《半世紀前杏嶺雜憶》，周思孟、肖林的《杏嶺巡禮》，陳文龍的《杏嶺憶舊》，俞調梅的《杏嶺、長勝的回憶》，王森林的《杏嶺、龍嶺、長勝墟、望城崗》等 9 篇文章。主要中正大學學生追憶大學期間發生的往事。第七篇是家屬回憶。有胡先驌堂妹、海南大學胡楷副校長的《憶家兄步曾先生二三事》，胡先驌長子胡德熙，長媳符式佳的《懷念慈父》，次女胡昭靜《先君步曾公軼事》，符式佳《緬懷先公翁胡先驌》及《胡昭靜訪談錄——30 年前東方學術界一顆閃亮鉅星的殞落》等 9 篇文章。從家屬眼光，回憶

胡先驌多彩人生，特別是胡昭靜訪談錄全文約 1.3 萬字，是一份十分珍貴史料文章。第八篇是《文存》與書評。有許是祥的《中正大學臺灣校友會編印「胡先驌先生詩集」始末》，褚愛真的《胡公詩集，來之不易》，張大為的《宏文三卷，風範永存》，胡迎建的《胡先驌與「胡先驌文存」》，張大為的《「胡先驌文存」自然科學卷簡介》，胡宗剛的《胡先驌先生年譜》補訂之一，譚峙軍的《為「不該遺忘的胡先驌」書中出任中正大學校長的一節作補正》，簡根源的《讀「不該遺忘的胡先驌」一書有感》等 10 篇文章。介紹胡先驌詩集、文存等書籍內容，更進一步瞭解胡先驌學術成就。第九篇是永遠的懷念。有吳翼鑒的《乞得種樹術，將以療國貧》，嚴傑《天晴雨驟，歲月倒流》，宋鏗《我站在胡校長銅像前》，鄒千章的《緬懷與歌頌胡校長》，吳德鐸的《此情可待成追憶》，陶家柳的《走進胡先驌》，鄭誠章《我所最敬仰的胡校長》，陳忠忱的《記憶中的胡校長》，鄧宗覺的《紀念胡先驌校長誕辰 110 週年》等 28 篇文章，從各個方面記憶胡校長為人、為學，豐富人生。為後人產生廣泛而深遠的影響。第十篇是紀念胡先驌誕辰 100 週年活動及講話。全國中正大學校友會隆重紀念校長誕辰 100 週年活動，有原江西省人大副主任陳癸尊、江西省委常委裴德安、原江西師範大學校長李佛銓、胡先驌哲嗣胡德熙、原江西師範大學書記李樹源、原江西師範大學副校長楊方泰，張謹之、章士美、胡德明等在各地講話及原江西師範大學副校長鄒道文、原臺灣中正大學校友會會長譚峙軍、羅時晟在胡先驌先生銅像揭幕儀式上的講話。附錄中，有張大為的《胡先驌研究新動向》及美國學者孫啟高寫的《我們為什麼要研究胡先驌先生的學術歷史》、《胡先驌的科學貢獻和文學成就》及《不朽的精神，不倒的旗幟》三篇文章。這些講話充分肯定了胡先驌學術貢獻及開展活動意義。

　　2010 年 10 月，穆子月、許畢基編著的《大學校長記——那個年代的大學校長們》，濟南出版社出版。在前言中指出：民國時期，中國積貧積弱，但民國時代的大學卻聞名遐邇，在國際上享有盛譽。如果想造就一個偉大的大學，有幹練的校長還不夠，還必須有卓越的校長。回顧歷史，我們就會深切地感覺到，這些著名大學之所以著名，正是因為有這些卓有才識、富有膽略的「牛氣」掌門人，他們非凡的氣質決定了他們非凡的大學。他們是旗幟，他們是靈魂，他們是山嶽，他們引領著那個時期中國高等教育的發展方向，為國家、名族乃至全人類培養了一批又一批優秀的各類人才。在「胡先驌中正大學首任校長」

一文中，介紹他是：出身望族的植物學家，欣然執掌中正大學，一位很有個性的校長，一位很有見地的教育家。這位在今天已被許多人遺忘了的傑出科學家、大教授，當年在學界的聲望卻是如雷貫耳。〔註2603〕

2010 年 4 月 5 日，南昌大學朱友林副校長（前左 7）、鄧宗覺（前左 8）、胡啟鵬（前左 1）等在盧山植物園胡先驌墓前追思活動

2011 年 7 月 23 日～30 日，第十八屆國際植物學大會在澳大利亞墨爾本召開，有代表 2027 人。

2012 年 1 月，張意忠編著《民國大學校長》，北京師範大學出版社。本書遴選的 13 位校長，分別是唐文治、蔡元培、張伯苓、郭秉文、馬君武、蔣夢麟、梅貽琦、竺可楨、胡適、吳貽芳、熊慶來、羅家倫、胡先驌（按照他們出生的先後順序），一個個如雷貫耳，是當之無愧的教育家。他們的治校理念、辦學實踐與個人風範是今日諸多校長難以企及的，故對其進行歸納整理，以期對當今大學校長提供借鑒與思考，促進我國高等教育的改革和發展。民國大學校長的成功各具特色，難以複製，但都具有先進的教育理念，實行教授治校，倡導教育獨立，追求學術自由，善待師生員工，加上特立獨行的人格魅力，是他們成功的關鍵要素，也是當今大學校長借鑒、反思之所在。胡先驌是植物分類的奠基者、一代宗師，是著名的文學家和詩人。他認為教育目的在教人適應

〔註2603〕穆子月、許畢基編著《大學校長記——那個年代的大學校長們》，濟南出版社，2010 年 10 月版，第 159～165 頁。

生活環境，注重道德教育，反對功利主義，大學教育既貴專精，尤貴宏通；適於學生個性，不可過於標準化。在實踐中，他改善辦學條件，延攬名師，改革教學方法。編寫第一本大學植物學教科書，創辦第一個生物系，創辦廬山森林植物園，因反對李森科事件而落選學部委員。〔註 2604〕

2013 年 8 月黃山書社出版，由熊盛元、胡啟鵬編校《胡先驌詩文集》（上下冊），作為中華詩詞（BVT）研究院項目、二十世紀詩詞別集叢書。劉夢芙、張紉為該書作序。共收詩 709 首，詞 87 闋，楹聯 2 副，文論 42 篇，就目前出版物而論，當是胡先驌文史類作品最全刊本。該集一共收有文存以外詩近 60 餘首，一部分為各報刊未收集到的，一部分為先生臨時現場發揮寫給他的弟子、朋友的詩作。有名家寫的序、跋、附錄，有師友信札、諸家品評、諸家酬唱及紀念詩文等。這本書的出版為所有愛好古體格律詩的讀者，提供瞭解秘胡先驌詩詞思想全貌的信息音符。

熊盛元、胡啟鵬編校《胡先驌詩文集》（上下冊）

2015 年 5 月，智效民著《大學之魂——民國老校長》，中國華僑出版社出版。

〔註 2604〕張意忠編著《民國大學校長》，北京師範大學出版社，2012 年 1 月版，第 284 頁。

作者在新建區聯圩鎮
胡先驌塑像留影

南昌市梅湖景區江西省名人雕塑園
胡先驌銅像合影

胡啟鵬在南昌市第二中學胡先驌塑像旁合影

2015 年 9 月，江西師範大學校長梅國平任主編，副校長張艷國任副主編的《改革開放以來胡先驌研究論文選》由中國社會科學出版社出版。分為「生平研究篇」、「生態植物學篇」、「教育思想篇」、「文學與文化篇」「附錄」等內容。收入論文 55 篇，作者 63 人，其中有傅修延、俞德浚、王咨臣、胡德熙、黃且圓、胡宗剛、薛攀皋、智效民、施滸、梗萱、周紹武、周紹模、孫啟高、陶家柳、歐陽侃、劉東方、宋占業、楊曉蒼、鄧濤、許懷林、胡迎建、曾春紅、葉青、段懷清、王剛、江飛、黃國斌、付潔、徐文梅等作者。

南昌市第二中學胡先驌塑像介紹

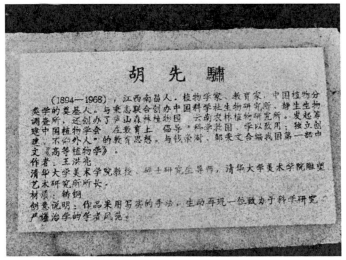

南昌市梅湖景區江西省名人雕塑園胡先驌銅像介紹

2017 年 7 月 23 日～29 日，第十九屆國際植物學大會在中國深圳市召開，會議有 109 個國家和地區近 7000 名植物學家參加這次盛會，這在國際植物學大會 117 年的歷史上是空前的。

第 19 屆國際植物學大會植物藝術畫展

　　2022 年 7 月 19 日，南京大學生命學科百年校慶，南京大學舉行胡先驌雕像揭幕儀式。胡先驌等人於 1921 年創立南京高等師範學校、東南大學生物系時，胡先驌年僅 27 歲，所以塑像特意選擇了他意氣風發的青年模樣。塑像由南京大學藝術學院封鈺教授創作。雕像文字介紹：「胡先驌（1894.05.24～1968.07.16），著名植物學家、教育家、與秉志院士在南京高等師範學校創辦了中國（國立）大學第一個生物系，發起籌建中國植物學會。1948 年當選中央研究院院士，為中國植物科學和教育事業的發展做出傑出貢獻！」

南京大學胡先驌雕像揭幕儀式，左起，南京學生校長助理陳建群、南京大學副校長張峻峰、中國植物學會理事長種康院士、中國植物學會名譽理事長許智宏、南京大學生命科學院張辰宇院長、南京優科製藥張峰董事長

附錄一：胡家玉資料

一、殿試題目是：「問治人治功、實心實政之道」

殿試皇帝：清宣宗旻寧

時間：道光二十一年（1841）

策問：

四月二十一日，策試天下貢士於保和殿。制曰：朕寅紹丕基，覃熙宙合。仰荷上蒼鴻佑，祖考眷貽，深宮劼毖益臺治安，茲御極之二十有一年。誕敷綸詔，特開恩榜，嘉與天下士。周諮博稽，以裨集思廣益之治。爾多士王其敬聽予詢。士不通經不足致用，經之學不在尋章摘句也，要為其有用者。漢廷治獄多引經義，其見於各傳者如雋不疑蕭望之輩，不一而足。能述其事舉其辭歟。其以尚書春秋博士補廷尉史，始於何人。董仲舒《春秋決事》十六篇，今佚不傳。《困學經聞》所載凡三，此外尚有存者否？《周禮》為周公致太平之書，後之用者，惟宇文泰蘇綽差為近古。而劉歆王安石或以文奸，或以致弊。豈《周官》果出於偽託歟。抑不善用者之過歟。或謂漢法未備，故有取於經，後則事皆有例，援古反以滋疑。然例文過多，胥吏或以舞弊。何以用之克善歟。民生艱易，賴乎守令。守令廉貪，視乎大吏。虞廷三載考績，周官六計弊治，此允釐之要也。漢以六條察二千石，唐考功有四善二十七最，宋置考官院中包官。當若何循名責實，乃有裨於官箴民命歟。今按《兩漢》循吏傳，則西京所載無非郡守。班固至謂令若長聞於時，何也。至若東京則

王渙劉矩仇覽童恢並以令長、列於《循吏傳》。而魯恭劉寬與夫潁川之四長，先後相望。其故安在。夫為守令者，其首重者曰廉，其次曰才。然或潔清自好而政事不免於廢弛、或材力有餘而節操不足以共信。果如何而得有守有為者分布郡縣也。姑息適以養奸，嚴威足以禁暴。舜攝位而四凶服罪，孔子攝相而少正卯誅。古聖以生道殺人皆此意也。而《酒誥》之文，有謂為小人附會六經者。《韓非》載魯哀公隕霜不殺菽之問，有謂為法家託聖言以文峭刻者。果定論歟。善乎，崔寔之言曰以嚴致平，深得達權救弊之理。後儒有稱之者，能引申其說歟？唐太宗論赦為小人之幸，能析其義歟？至若保甲之制，弭患未萌，法至善也。乃行之熙豐而反以滋其累，用之南贛而民發復稱其便，其故何歟？吏胥所以察奸，兵弁所以緝盜。乃或者聲息相通，反為援引。何術以防之，何法以懲之歟？兵所以威天下，實所以安天下。漢之南北軍，唐之府兵彍騎，宋之更調，明之團營、皆陸路之兵也。至海疆用兵，若晉之孫恩盧循，元之方國珍，皆內寇窮蹙擁眾據險、易就削平。惟明胡宗憲戚繼光剿平倭寇，戰功尤著。其所撰《籌海圖編》《紀效新書》，非空談韜略比。其時若朱紈之《嚴海禁心疏》，鄭若曾之《江南經略》，唐順之之《武編》，不皆有裨於實用歟？當茲八荒在宥，七德有徵。決勝機宜，權衡貴當。將卒何以汰其惰窳，偵控何以測其阻深，器械何以極其精良，內奸何以絕其勾結歟？凡此者，通經致用，有治人而後有治功，課績考勤，有實心而後有實政。不以萬民向化，馳詰奸禁暴之防，庶幾九有歸懷，奏柔遠綏邊之績。多士橋門釋褐，學古入官。拜獻先資，毋泛毋隱，朕將親覽焉。

臣對：

臣聞崇經者致治之資、課績者釐者釐工之要、除惡者安良之本、防邊者保國之謨。載稽往訓：《詩詠》就將、《書》稱慎簡、容保特詳於《易》象、軍政備著於《周官》。茂矩隆規、粲然具在。自古帝王斠元御宇、錫福誠民。以勤念典則青簡時陳也、以勵濬明則素絲著美也、以嚴糾察則黎庶胥馴也、以訖聲教則丹徼向化也。用是無怠無荒見聞廣焉、有為有守吏治修焉、引養引恬姦邪戢焉、來享來王邊陲固焉。所由熙春泳化函夏、翔仁被鴻名而揚駿烈者胥是道也。欽惟皇帝陛下、治光離照、德協乾符、則古聖以同民體至仁以育物、固已

六經畢貫而百職具修、三刺無頗而萬邦內附矣。乃聖懷沖挹、葑菲不遺、思崇久治之規、彌切疇盜之念。進臣等於廷、而策之以敦經課吏慎罰綏邊諸大政。如臣愚昧、何足以知體要。顧當對揚伊始之時、敬念拜獻先資之義、敢不謹述平昔之所誦習者、以勉效管窺蠡測之微忱也乎。

伏讀制策有曰：「士不通經不足致用、而因求有用之學、此誠學古入官之要也」。臣按帝王有不易之道、無不易之法。故六經為百世師、在師其意而已。漢承秦燼之後、朝廷每以經義決疑。雋不疑謂衛輒拒父，《春秋》是之。蕭望之謂晉士匄侵齊，《春秋》大其不伐喪。其義皆本《公羊》、未必盡合《麟經》之旨。張湯請博士弟子治《尚書》《春秋》、補廷尉史。董仲舒《春秋決事》十六篇、應劭言其所引三百三十二事。今所傳者《太平御覽》載二事、《通典》載一事、其他無聞。夫《春秋》之義、處經則知宜、處變知權、非智幾於聖人未足以語此。彼託於褒貶之說、遂比於司空城旦、書豈有當歟。六官之職、周公致太平之跡在焉。後世周宇文氏以漢魏官繁、令蘇綽盧辨之、徒依經改制。較之劉歆王田之法、王安石泉府之議、自有不同，然亦先王之糟粕而已。國家因時制宜、一切皆有成例。若無取乎引經、然創變非經無以資權衡、疑訟非經無以備考決。惟守今而無弊、稽古而不迂、是為善致用者。聖朝經學昌明、本憲章以垂條教、所由與三王參為百世則也。

制策又以「民生艱易賴乎守令、守令廉貪視乎大吏」，因詳求夫弊吏課功之典。臣按有虞三考之法、成周六計之弊、所以飭官箴重民命、伊古慎之。自是以降、若漢之六條、唐之四善二十七最、宋之三等四課、求賢審官、綱舉目備、顧循其名未必責其實也。司馬遷論次循吏、所載皆春秋時國相、如宓子賤尹鐸之治邑不預焉。班固繼之、載漢郡守以守相位埒、猶依遷史成法云爾。東漢則王煥令洛陽、劉矩令雍邱、童恢令不其、至仇覽為蒲亭長、亦與諸郡守並列於篇。其言以魯恭劉寬與潁川四長先後相望、皆以仁信篤誠、使人不欺。蓋光武起自田間、首崇卓茂、至與功臣比烈、故其時令長與守尉並重、以為為國、子惠庶民、其道一而已矣。夫猷為操守在為吏者缺一不可、而兼之為難、顧有事乃可以見才。而無人不當知畏法、未有簠簋不飭而可與言保障者也。故首重曰廉、其次曰才。能吏所至、皆有事功。然顯其利於此、而移其害於彼、未若廉吏之為實得矣。皇上吏治澄清、尤嚴操守、所由大法小廉、履敦信而孚慈惠歟？

制策又以「姑息適以養奸、嚴威足以禁暴」，爰重念生道殺人之政。此尤

安良敦俗之大防也，臣按舜除四凶、孔子誅少正卯。聖人之道至仁、則其惡不仁也。尤甚至於整齊末俗、刑用重典。《酒誥》群飲之罪、至於執拘以殺、所以懲淫湎之化、豈得已哉。仲尼對哀公隕霜不殺菽之問、以為天道、宜殺不殺、則草木猶犯之戒。人君宜用威嚴、其說出於法家、非聖人為政焉。用殺之意、後漢崔寔懲元帝寬政之失、謂文帝除肉刑、其實重之。是以嚴致來、非以寬致平、此亦有為而發。惟唐太宗以赦為小人之幸、其論正矣。夫法不在於嚴、而在於信。有志於為治者、必不肯違道以干譽也。況水懦民狎、火烈民畏、立猛乃所以濟寬。稂莠不去、嘉禾不生、毆凶乃以衛善歟。顧用寬而失之不經、其害小。用嚴而至於滋擾、其害大。故消患於未著、止惡於未萌、則保甲之稽查宜先先、而奸宄自無所容矣。察奸即以縱奸、緝盜即以窩盜、則吏兵之耳目宜慎、而枉濫當有所戒矣。有淑問之明、有至誠之意、則法行而無不畏、所謂「辟以止辟」者此也。聖朝保赤推恩、明刑即以弼教、所由躋一世於敦龐、不其懿歟！

製策又以「兵所以威天下、實所以安天下」，因奮武衛而及前代海防之成略。臣按歷代各有兵制、而陸路之兵、其教演有時、其調遣有法。如漢之南北軍、唐之府兵纊騎、宋之更調、明之團營皆所以重畿輔遏奸萌、其尤著也。若夫海疆天險、與西北邊形勢迴異。當綏靖之日雖列屯相望、而士卒畏重溟之不測、巡防皆屬虛文。迨守備之時又風汛污各殊、而客兵困技勇之莫施、徵調全無實用。稽諸前史、內寇如晉孫恩盧循、元方國珍、外寇如明之倭患。雖皆就殲除、而當時固已勞於圖議矣。明太祖用方鳴廉之策、沿海置所。中葉廢弛、復致倭患、東南為之騷擾。今胡宗憲戚繼光諸人之籌劃、朱紈鄭若曾唐順之諸人之議論、率皆的裨於實用。而《籌海圖編》一書，其尤詳者。然海中沙險水道時有更易、非可按圖而索也。夫惰窳宜汰、偵控宜明、器械宜精、內奸宜絕、四者固昭軍實之常經、而決勝之機宜在是矣。國家八荒在宥、七德有徵、恩威所被、無遠弗屆。光天化日之下，皆將效梯航之貢以輸忱悃、又何慮海氛之不靖也哉。若此者、講學以育才、興廉以弊吏、詰奸以善俗、靖外以經邦。蛾術之功勤焉、鵜梁之刺泯焉、雀角之風息焉、鷹揚之烈彰焉。洋洋乎仁聖之事賅、而帝王之道備矣。臣尤伏願皇上、日新進德、天健昭行、本持盈保泰之心、臻累洽重熙之慶。學問深而更窮經蘊、臣工肅而彌飭官常、民俗已淳益重防閒之道、海隅已靖常修敬戒之威。於以光玉鏡、披金繩、上迓蕃禧、下綏多祜。奄九有以來同、奉三無而立極、則我國家億萬年有道之長視此矣。臣末學新進。

罔識忌諱、干冒宸嚴、不勝戰慄隕越之至。臣謹對。〔註1〕

二、請通盤籌治河工疏

　　〔說明〕這是胡家玉於同治三年（1864）所上的奏疏，他當時任鴻臚寺少卿。此疏專論治修黃河的方針。

　　黃河於咸豐五年（1855），「決蘭陽銅瓦廂，奪溜由長垣、東明至張秋，穿運（河）注大清河入海，正河（黃河本來的河道）斷流」。形成黃河北徙。到

〔註1〕胡向萍、胡啟鵬主編《新建縣歷史名人》，江西高校出版社，2012年3月版，第510～513頁。

了同治二年（1863）六月，黃河漫溢，「水由蘭陽下注，直（隸）、東（山東）境內涸出村莊，復被淹沒。菏澤、東明、濮、范、齊河、利津等州縣，水皆逼城下」。因治河意見紛紜，加以官場推諉拖沓習氣，半年過去，不見治理效果。這年十二月，河督譚廷襄上奏，認為這次泛濫的原因，在於「大清河身太狹，不能容納」黃河之水。「欲求下游永奠，必先開支渠以減漲水，而後功有可施」。因此主張，「必將附近徒駭、馬頰兩河設法疏濬，庶水有分洩，再堵各缺口，並築壩以護近水各城垣，此大清河下游之當先料理者也。至開（州）、濮（州）金堤及毗連菏澤之史家堤，當先堵築，並加培舊堰，擇要接修，此大清河上游之當先經畫者也。」

胡家玉在不贊成「循舊道」（黃河北徙前的舊河河道）開掘的意見，而主張黃河應「因勢利導由大清河入海」。為解除「黃河北徙，有礙南漕」的疑慮，指出可以「開挖橫河」加以解決。也不贊成譚廷襄請疏濬下游徒駭、馬頰兩河以洩水的方案，認為尚非根本之策、可行之計。而主張「自蘭陽以至利津海口，通盤籌畫」，區別情況，全面整治。並針對經費難籌的疑慮，指出可以移緩就急，先撥京餉以救目前。這篇奏摺既有歷史考證，又有親身體察；其治河方針，注重因地制宜，實際可行，尤其強調「懷遠謨者毋急近功，成大事者不惜小費」的原則，與「民為邦本」的思想。在當時被稱譽為治河名篇，對於今天也仍不乏啟示借鑒的作用。

竊維黃河故道，北流入海。經史所載，歷歷可稽。自宋熙寧十年（1）河決澶州，分而為二，一入淮，一入濟，南北分流。迨南渡（2）後，河遂南徙，論者謂金人塞北流以病宋，其說非誣。元（3）則時決時塞，或北或南。明（4）自金龍口再決，命都御史劉大夏治之，濬賈魯舊河（5），以殺（6）水勢；開新河七十餘里，築長堤三百餘里。蓋費帑金億萬，始能逼河使南行也。我朝因（7）之，二百餘年，河決不一，大約在北岸者居多，殆地勢然歟。

今自蘭陽汛（8）潰決，泛濫（9）於直隸（10）境內，已十年矣。昔之河身，今成平地。臣於咸豐七年（11）由清江浦進京，經故黃河擺渡處，見盧舍儼然，浸成村落。計上下六七百里，節節勢高，層層淤塞。此而欲循舊道開新河，挽狂瀾而東之，誠萬難之勢。自不若因勢利導，由大清河入海之為便也。

河臣譚廷襄請疏下游徒駭、馬頰兩河以洩水，誠古人開支渠減盛漲之良法。第（12）自張秋以下，民墊（13）率皆頹潰；張秋以上，如濮范、壽張等處，河流散漫（14），一片汪洋。如衛農田，必須築堤束水，而工費浩煩。地

方官勸民興辦，無論（15）積年災區，力有未逮；即使剋期集事，而雙堤夾峙，筦束（16）河流，急溜驚湍（17），倍加勁疾，時而南趨，時而北刷，一遇大汛，險工（18）百出。或加鑲（19），或加埽（20），或加戧（21），日不暇給，民力幾何，安能辦此？勢必今歲修，明歲決。如譚廷襄所奏，自利津溯流至肥城一帶民墊，決口不下三、四十處，可為明證。

臣聞懷遠謨（22）者，毋急近功；成大事者不惜小費。況黃水漫淹兩省，災及數十州縣，虧國計，害民生，甚至土匪揭竿，流民助虐，用兵剿洗，糜餉尤多。若不力圖修治，恐水套（23）之伏莽（24）難清，直東（25）之後患未已。再四思維，擬請飭下各該督撫，會同詳悉履勘，自蘭陽以至利津海口，通盤籌畫。舊墊可因（26）者因之，新堤可築者築之；下游之水，應疏者疏之；橫流穿運（27），運河閘座當建者建之。核實估計，逐段繪圖，貼說（28）進呈御覽，請旨施行。

或謂當此庫儲支絀，鳩工庀材（29），安能籌此鉅款？臣竊查直隸督臣劉長佑籌撥固本京餉每年三十萬金，由各省解儲部庫，以為練兵之用。臣請移緩就急，於秋末冬初即將此項動用興工，仍照舊章暫開河工事例，以裕經費。

但得一二廉明公正之大臣，躬親督辦，視國事如家事，裁一切浮費，涓滴悉歸實用。深濬河身，寬留河面，土工則夯硪（30）堅實，柴埽（31）則鑲壓整齊，一、二年間必著成效，紓（32）數十州縣泛濫之憂，拯億萬蒼黎昏墊（33）之命。古稱民為邦本，是即固本之要圖也。

若謂黃河北徙，有礙南漕（34），臣擬於向來漕船渡黃處所，開挖橫河一道，令南岸清江閘之水與北岸運中河（35）之水互相貫注，血脈流通，漕船由北經行較為順利。並請飭下漕運總督就近察看情形，妥籌辦理。

臣愚昧之見，是否有當，伏乞皇太后皇上聖鑒。謹奏。〔註2〕

【箋注】

（1）宋熙寧十年：即1077年。（2）南渡：指趙宋王朝南遷。（3）元：元朝。（4）明：明朝。（5）濬賈魯舊河：濬，疏通。賈魯舊河，源出今河南密縣北，徙經鄭州市東南至商水縣入穎水，長四百餘里。元順帝時，黃河決口，賈魯受命疏通河道，元、明以來黃河決堤洪水多由此入淮河。（6）殺：減弱。（7）因：沿襲，沿用。（8）蘭陽汛：地名。汛，軍隊戍防地稱汛。（9）汛濫：指汛期黃河水泛濫。汛：江河中由於季

〔註2〕周鑾書等選注《江西古文精華叢書·奏議卷》，江西人民出版社1996年11月版，第246～249頁。

節性降雨或融冰化雪等引起的定期漲水現象，如大汛、小汛、春汛、凌汛。（10）直隸：今河北省。（11）咸豐七年：1857 年。（12）第：但。（13）民墊：民間百姓集力自築的土堤。墊，圩墊，土築的防洪小堤。（14）散漫：分散漫淹。（15）無論：且不必論及。（16）笰束：管束。笰同管。（17）急溜驚湍：急流湍水。溜，一股一股的水流。湍，急流的水。（18）險工：搶險工程。（19）鑲：鑲補加固堤岸。（20）埽：古代治河工程中用以護岸和堵口的器材，舊時多以柳七草三捆紮而成，後多代以秫稭，預儲以為搶險之用。凡用埽料修成的堤壩也叫埽。（21）餞：往陷缺處填土料等予以補實。（22）遠謨：遠大的謀略。（23）水套：指黃河流域的河套地區。（24）伏莽：指潛藏的盜匪。但封建王朝也往往用作對農民起義的誣稱。莽，叢木。（25）直東：指直隸，山東兩省。（26）因：沿用，沿襲。（27）橫流穿運：指黃河自西向東流，橫穿過南北方向的京杭大運河。（28）貼說：在圖上貼注說明文字。（29）鳩工庀材：徵集民工，備全材料。鳩，通「糾」。庀（pi），具備，治理。（30）夯硪：打夯砸土逐層疊高。硪，高貌。（31）柴埽：柴木埽料。用以防堵水流。（32）紓：解除。（33）蒼黎昏墊：百姓陷弱於水中。蒼黎：指百姓。昏墊，陷弱。（34）南漕：謂黃河以南的漕運。漕，水道運糧。（35）運中河；指黃河與大運河交匯處流入的水。

三、通政使司參議胡家玉奏建南北外洋水師摺光緒五年（1879）十二月初二日。

　　竊自咸豐以來，准各國通商以後，中外臣工莫不以自強為急務。設船廠，購機器，練洋槍隊，習洋人語言文字，凡所以為自強計者，至周至密。而洋人仍敢任意要挾，妄生覬覦者，徒以我外洋無制勝之師，無制軍之將，能守不能戰也。海疆綿延八九千里，一處有警，處處設防。幸而無事，所費已不勝計。往年日本窺伺臺灣，浙江一省防費近四十萬，合之沿海各省支銷應不下二三百萬。今年日本佔據若均效尤，則度支立匱矣。臣愚以為與其株守於海口，不如角勝於洋面；與其周章於臨時，不如綢繆於未事。權衡輕重，移緩就急，謹就管見所及，為皇太后皇上陳之。

　　一、北洋宜設外洋水師也。北洋大臣駐紮天津，天津為京師屏蔽，洋人無事則已，有事必全力注之。如圍棋然，天津為通盤第一要著，不下要著而下旁著，洋人不若是之愚。天津向無水師，大沽、葛沽有炮臺而無戰艦，株守一隅，畢竟可慮。擬請敕下北洋大臣添設外洋水師提督一員，總兵二員，挑選輪船十餘支，分配兵弁二三千，往來於南北兩洋，令其熟悉海濤沙線，展輪、停輪、

裝炮、放炮諸法。有戰船、有戰將、有戰兵，較之紙上空談，徒以口舌爭勝者奚啻倍蓰？或謂現因餉費支絀，散遣防勇之不暇，何暇添兵？臣聞天津水勇尚多，新城屯紮淮軍亦復不少。擬請移緩就急，於此兩軍內選謀兼備之將，挑年力精壯之勇以成北洋水師一軍，有南省歲饋之餉以贍之，應無慮餉需不繼也。

二、南洋宜設外洋水師也。江南海口雖不及天津吃重，而長江上達數省，防務亦不可鬆。江南提督水陸兼轄，其營哨多在內河，雖有沿海水師，而快蟹艇船非槳不行，非風不駛，捕盜尚慮不足，安能禦侮？現在江路通暢，海氛方熾，擬請敕下南洋大臣，權衡輕重，移緩就急，調長江水師提督、瓜洲、岳州兩總兵為外洋水師提鎮。南洋地面較寬，所用輪船應較北洋多三四支，所配水軍亦應多撥千百人。一切兵弁、書識即於該提鎮所管營汛內挑選，一轉移間於海防甚有裨益。昔日洋面視為畏途，今日洋面視為坦途，固無慮陸軍之不宜於水、江軍之不移於海也。

三、長江水師宜歸總督統轄也。同治年間，原任兩江督臣曾國藩等請設長江水師提督一員，岳州、漢陽、湖口、瓜洲、狼山五鎮、二十四營、七百七十四哨，戰船七百三十號，兵一尤二千餘人，歲餉七十餘萬。臣時在兵部侍郎任內，頗穎設官太多，需費太巨。司員中有謂「曾國藩老成謀國，具有深意，故第三條內『長江通商處處與外國交涉』之語，窺其設軍之意，不為可靖內訌，亦可以禦外侮」云云。臣聞之，將信將疑。嗣細加採訪，僉謂長龍、舢板船身太小，不足當輪船一浪。詢之前督臣楊岳斌、侍郎彭玉麟，說亦相同。然則長江一提、五鎮、七百三十號戰船、一萬二千餘七八十萬歲餉，非為禦外計也，特藉以捕盜耶。捕盜有漢陽、湖口、狼山三鎮水師足敷巡緝而靖江面也。該三鎮就近由各總督調遣，不致鞭長莫及也。應請敕下漢陽一鎮歸湖廣總督提標、岳州瓜洲兩鎮標調剩之營哨如何並省，如何填扎之處，應由各該督會同巡閱長江水師侍郎彭玉麟斟酌辦理。

四、福建船廠宜專造鐵甲輪船也。洋人製造軍械，愈出愈奇。從前輪船駛入內洋已駭聞聽，今復有鐵甲輪船，炮子不能轟入，橫行海上，所向無前。夏間原任兩江督臣沈葆楨來京與臣談及海防，非多備鐵甲船不可。洋人每以鐵甲船相誇耀，是造鐵甲船為今日當務之急。福建船廠已造成鐵脅船矣，而鐵脅終不及鐵甲。該廠歲撥閩海關稅、道庫、鹽課銀七十餘萬兩，應請敕下船政大臣，嗣後鳩工庀料，專造鐵甲輪船，逐年增添，多多益善，分撥南北洋水師配駕，以壯軍威而備攻剿。洋人所恃者船堅炮利，我亦船堅炮利，則洋人失所恃而我

不致一無所獲恃矣。

以上四條，揆時度勢，第就管見所及，約略言之，為外洋水師之權輿耳。

夫以長江一線尚須七百數十號戰船、一萬二千餘兵防守，茫茫大海，無涯無際，而謂二三十號輪船、五六千兵勇，遂足以威服洋人，使不敢逞，識者必以為輕量天下事矣。然事有始基，功由漸進，九仞之山，基於一簣。所望時和年豐，餉需日裕，不獨南北兩洋水師日新月異，推而至於沿海各提鎮均有輪船水師，均有鐵甲船衝鋒陷陣，南北洋聲勢聯絡，可戰可守，從此觀政海邦，不言強而自強矣。〔註3〕

四、1870 年 7 月作《程憩棠先生入祀東館記》

吾邑十六鄉，山九而湖七。山憂旱，湖憂潦，家鮮蓋藏而喜讀書。饘食粥稍自給即以延師教子為務。歲或不登，鬻田以償修脯勿恤也。

貧乃士之常，吾邑人士鮮不貧者，幸登鄉薦，公車北上，往返六七千里，竊竊焉惟資斧不給是懼。或稱貸，或親故協助始成行，一再下第，則人情倦，自顧亦內慚。敦品力學之士，懷抱利器，北望京師，遙遙如在天上，奮飛無翼，不獲博一官以展其素抱鬱鬱老牖下者，何可勝道。

〔註 3〕通政使司參議胡家玉奏建南北外洋水師摺光緒（1879）五年十二月初二日。中國近代史資料叢刊《洋務運動》，張曉生主編《中國近代戰策要》。胡向萍、胡啟鵬主編《新建縣歷史名人》，江西高校出版社，2012 年 3 月版。

憩棠先生由翰林外任，慨然以振興人文鼓舞邑後進為己任。自壬辰迄辛巳，春闈前輒寄數百金助券資。又函勸同邑官他省者，各解囊集腋，往往薈聚進千金。自是公車益眾，至兩館不能容，稱極盛焉。吾邑在前明，科名甚盛，而一甲僅謝、鄧二公。我朝百九十餘年，至道光乙未，曹子固先生始一甲第二名及第，辛丑不才忝附一甲末。七年間兩掇高科，僉以為先生鼓舞振興之所致。

是年冬，予假旋過皖，以後輩禮謁先生於節廨，且稱謝。先生曰：「是區區者，烏能久。為久遠計，非立賓興會不可行，當捐萬緡為之倡。」事未就，而先生卒。乙巳春，封翁踐前言。適先生從兄晴峰先生由粵撫擢漕督，過章門，以八千緡益之而會成。存典生息，擇公正殷實者司出納，公車人給五十金。咸豐中，粵匪竄西江，蹂躪幾遍，吾邑兵荒交困，而累科公車絡繹不絕。微賓興會烏能若是，而賓興會非先生倡始又烏以成耶？

國家設科目以網羅天下士，汲汲惟恐不逮。先生倡興此舉，令吾邑敦品勵學懷抱利器之士及時貢朝廷供任使，其有裨於聖天子作人雅化豈淺鮮哉！傳曰：有功德於民則祀之。邑人士念先生倡始之功弗衰，咸豐庚申春，公奉木主於東館。館故有龕，祀文昌、關帝、福主諸神。左側祀歷代鄉先輩，而祀先生於右，禮也，亦聊志祭川先河、造車始輪之意云而。

先生喆嗣鄂南水部、丹源農部恐其久之而無稽也，屬予為記，謹述其始末如此。

同治庚午（1870）七月邑人胡家玉撰〔註4〕

五、1861年（咸豐十一年）胡家玉致椒雲信函一

椒雲太世叔大人閣下：

客月葛肅寄一，計登記室。近諗薇垣納祜，凡百安和。部議上陳，渥邀恩眷，俾敝省得久依仕宇，食福無窮，遙企德暉，同聲稱慶。惟賊匪甫經過鏡，廣、饒兩郡不無受擾之區，徵解恐更費心，殊深馳系。出數入數能否據實上聞，若一味枝捂，悉索者恐未有艾也。回鑾在即，閭巷歡然，弟轉瞬仍駐蹕山莊，未免失望。通商衙門粗有頭緒，調取閣部人員，願送者頗少。章京四員，恭邸請仍兼樞直，上意不以為然。日昨復設法籲求，不審可邀允准否？玉現在派列二班，三月初即當隨扈由東陵順道灤河，至五月底方能交替。緣分作三班之議，

〔註4〕錄自光緒六年《新建館錄》。程憩棠，即程楙採。胡向萍、胡啟鵬主編《新建縣歷史名人》，江西高校出版社，2012年3月版。

頃又變更，依舊兩班，每班以三月為期，往返奔馳，徒滋勞瘁。部缺甚覺疏通，而玉仍未能題補。日前連出三缺，均為捷足者所得，令人悶悶。貢院剡章，查無消息，想已被撫署駁去，視鄂垣辦理相去何如？地山學使曾否按臨外郡？二小兒翰清回家應試，計燈節前後可以抵江。承諭關垂，伏望隨時留意，是所私切。肅此敬請鈞安，不盡縷縷。

侄家玉 頓首

正月初八日〔註5〕

【箋注】

張集馨（1800～1878），字椒人雲，別號時晴齋主，江蘇儀徵人。1829年中進士後，在翰林院供職。1836年，受道光皇帝的「特簡」，外放為山西朔平知府。此後三十年間，在山西、福建、陝西、四川、甘肅、河南、直隸、江西等省任知府、道員、按察使、布政使、署理巡撫等職，兩次出任甘肅布政使。道光二十九年（1849年）七月，五十歲的四川按察使張集馨接到吏部的委任書升任貴州布政使，並獲道光皇帝召對五次，對臣子而言，這是莫大的榮幸了。咸豐六年（1856年）九月，五十七歲的張集馨幾經宦海沉浮，仕途又回到七年前的起點：奉特旨署甘肅布政使。赴任前，也蒙皇上召對五次。同治四年（1865），因防禦太平軍北伐「出兵遷延」，被劾革職，告別宦海生涯。著《道咸宦海見聞錄》。

〔註 5〕張集馨撰《道咸宦海見聞錄》，中華書局1981年11月版，第457～459頁。

六、1861年（咸豐十一年）胡家玉致椒雲信函二

椒翁太世叔大人：

曼福。頃接環章，敬悉履候勝當，順時納祜，載欣載頌。惟邊隅多故，籌畫勤勞，遙企榆鄉，曷勝馳切。餉項之絀，日甚一日。信郡有警，河口必致驚惶，鹽釐必無起色，何以為繼？近聞黃州被擾，鄂城戒嚴，果爾則江省又添一防堵。義寧、新昌等屬，路路可通，恐調兵籌餉，均屬不敷。撚匪進犯青州，逼近濰縣，分股四出，東省勢不可支。僧邸有退無進，暫幸該匪不圖北竄耳。朝陽縣土匪劫獄，赤峰之匪亦起，刻下派兵進剿，不知可剋日殲除否？邊牆之外不安。聖躬尚未復元，紅痰時見，自應靜攝。樞班屢改，頃仍分作三班，明日輪應赴灤，須端節後始能回寓。四月差考，恐不獲告假入場。夷務近尚平安，英主女婿亦西洋一大國也，來津欲駐京通商。恭邸與英酋會議，准通商而不准駐京，或不至於決裂。通商衙門，滿漢司員十六，輪班直宿，亦仿樞垣。天主堂圍牆畢工，入教者已紛紛聽講，主教者肩輿出入，誰敢議其後耶？頃接海清小兒來信，知因路梗，不能赴浙江藩庫使之任，深恐逾限，擬呈請轉諮浙省，不知已具呈否？如已上陳，伏希設法關垂為懇，倚裝手泐，敬請鈞安，不盡欲宜。

再侄　家玉　頓首

三月十日〔註6〕

圖　清代楠木雕刻探花胡家玉題《致政耆英》

七、胡家玉致許仙屏親家信函

仙屏親家大人閣下：

別經月餘，不勝馳念。昨聞在紅花埠途遇汪編修寄語平安，又聞正月初二，由維楊南旋，計已安抵珂鄉，椿堂康豫，臚歡篤慶，其樂何如。前與宗伯談及，

〔註6〕張集馨撰《道咸宦海見聞錄》，中華書局1981年11月版，第457～459頁。

亦以高誼，迥越尋常，欽贊無已，非獨弟一人私佩也。小兒承提攜回里，感何可言，並求教誨成全，勿以半子相待，稍形客氣，是所私切。縣試想已有期，不知小兒已晉省否？弟自數月以來，屢幹吏議，科場一案，因為二佰餘年未有之事。至與卯金牴牾，部議更嚴，必欲去之而後已。幸皇上加恩，僅予降五級調，計前後共降七級，區區五品京堂，自不如歸去為善。猶記客冬夜話，囑令歸田，先見之明，惜弟聞之已晚。此時省垣，萬不可住。前商代覓居停一事，求田問舍，此時不得不然。將來五六兩小兒，永恃泰山之庇，一切尚費清神。聞令兄說置田當在秋冬，俟有端倪，望即示知，以便遵辦。又聞令兄說：尊府尚多閒屋，如學堂之類。小兒在彼完姻，暫住亦屬無妨。甘須莊亦云：子大之姐夫曹君，在外家安住十數年，向無忌諱。此時弟心緒紛紜，尚未為小兒諏定喜期，容再奉呈，統求裁酌。本擬先命小孫送乃父靈櫬歸里，弟於秋間啟行。近見江省緩徵原奏，凡被災之縣，均將都圖村社，詳悉敘清。獨於新建，則但稱上下各鄉被淹民田若干，未完銀米若干，含混其辭，並無都圖可考，小民何所適從。吏胥得以從中影射，縱有緩徵之名，而無緩徵之實。諸君遷怒於一縣被災之民，如此存心，弟若攖其鋒，禍莫可測。此時進退，頗覺兩難。閣下高見卓識，當必有以教之。專此布臆。敬請侍安。並叩姻伯大人福禧。親母夫人以下均安。

弟玉頓首正月二十二日〔註7〕

【箋注】

許仙屏（？～1899），江西省奉新人。名振褘［hui］，同治進士。曾任陝西學政、河南按察使、江寧布政使、東河河道總督、廣東巡撫等職。主張廢止釐金，節用民力。胡家玉之子胡湘林娶許仙屏之女，書中詳細說這件事情的經過和家裏的事情。此函原藏奉新許氏家中。一九五三年仙屏次孫汪度出以示余，並有曾國藩、國荃、俞樾、李鴻章諸人手札百餘通，余以千餘金購得之。一九五六年胡先驌來江西講學，余出示其曾大父與仙屏親家手書，較之與少仲手書所言尤為詳盡，步曾快慰之至，遂託其徒弟一民，向余索去。幸當時餘錄有副本，茲據副本錄出，以餉讀者，而正本經文革劫火，則不知流落何處矣。王諮臣誌。

〔註7〕胡向萍、胡啟鵬主編《新建縣歷史名人》，江西高校出版社，2012年3月版。

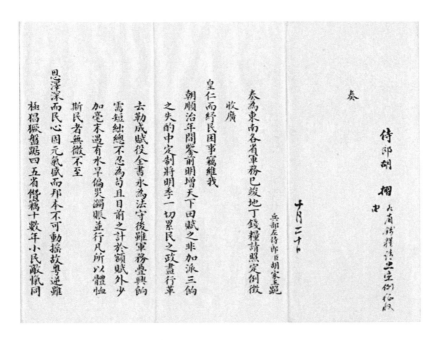

八、胡家玉致勒少仲的信函

少仲仁兄姻大人閣下：

叔才世兄來京，接到手書，極承錦注，心感莫可言喻。弟自客冬以來，迭幹吏議，前後共四次，並有一事兩議一案輕重並列者，尚有一議未定，有大力者在內，或不至過刻，官場如夢，弟之夢已覺矣。覺來雖不甚好，細思古人更有甚於此者，此心倒覺安耳。所得處分，問心亦甚無愧，天下當共諒之，未完之款，乃係早經恩豁者，毋論數千里外不能兼顧，且實係瘠區，又當變亂之時，以此文致人罪，其謂之何？！致書一節，乃友朋常套，因此獲咎，則朋友之倫可廢矣。此中情事，非面陳不能叢悉，只好付之遭逢不偶耳！自揣年將望七，精力雖未遽衰，而時局如此，勢難久處此間，且居大不易，現擬秋間歸里，而道途修阻，眷口浩繁，不審屆期能捯擋就道否？耽耽者刻意搜求，株連同里，叔才具道其詳，所慮南歸後，彼有不能相容之勢，上行下效，種種維難，至好如閣下，其何以教之？流寓他鄉，終非長策，家鄉到底親友多，到底有數椽茅屋，數畝水田，弟夢寐不能安枕者只為此也！六小兒客臘隨仙屏親家南旋，秋冬當完姻，亦需人料理矣。

知念縷陳，復請勳安不具。

弟　家玉　頓首〔註8〕

〔註8〕廖太燕作《胡先驌及其曾祖信函二種》，中華讀書報2017年12月18日。原

九、作《贈耆英會》

摩霄鴻鵠倦飛還，丹鳳城西夜掩關。

多種菊花娛晚節，滿斟竹葉澤衰顏。

偎爐待雪寒先覺，拄杖看雲意自閒。

不敘官階敘年齒，風流千載白香山。〔註9〕

十、江多水災吟並引

光緒二年六月，署江撫李捷舉方伯以山水驟發，南昌新建等縣被災甚重，請加賑恤，得旨允准，甚盛典也。予生長湖鄉素諗水災之苦，追憶往事，因為此吟。

我家西昌之西鄉，西濱章水東鄱陽。

厥田上下跨荊揚，與水爭地資堤防。

我生之初蛟龍藏，雲霓時或引領望。

土於外戽水灌陂塘，人力盡瘁歲豐穰。〔註10〕

無何讖語應道光，〔註11〕江湖清淺變為桑。

一雨三日輒汪洋，十年九載成災荒。

窮簷屬饜無糟糠，先發屋瓦後棟樑。

花村鞠為茂草場。咸豐況復賊鴟張。

蓬帆如蟻圍城隍，南州浩劫遭紅羊。

風聲鶴唳走且僵，孱兒弱女委路旁。

流離轉徙逾十霜，縱然涸復誰分秧。

吏胥枉催上下忙，毅皇軫念民如傷。

大沛恩綸蠲逋亡，歡聲雷動遍八方。

父老至今不能忘。吁嗟呼。父老至今不能忘。

文見《江西文物》雜誌第一卷第三期（1943 年 5 月）刊登了胡家玉致勒少仲的一封信函。

〔註9〕王凱賢選注《中國歷代探花詩》（清朝卷），崑崙出版社，2007 年 1 月第一版，第 300 頁。

〔註10〕嘉慶年間湖田大熟。

〔註11〕宣宗改元道光，鄉人訛為稻光，後竟如讖。張大為、胡德熙、胡德焜合編《胡先驌文存》上卷，江西高校出版社，1995 年 8 月版，第 674～675 頁。

十一、湘林聯捷誌喜

泥金又報捷春闈，七十衰翁喜可知。

拾芥科名何易易，簪花宴集且遲遲。（1）

豹因霧澤毛增潤，鵬待風持翮不疲。

恩榜相承恩最渥，慚無分寸答堯墀。〔註12〕

【自注】

道光十五年乙未因皇太后六旬萬壽。江西舉行恩科鄉試。家玉中式舉人。至二十一年辛丑恩科會試。家玉中式龍啟瑞榜一甲三名進士探花及第。

【王諮臣按】

湘林為家玉第六子。應光緒元年乙亥恩科江西鄉試，中式舉人。三年丁丑科應會試聯捷。中式王仁堪榜二甲六十一名進士。欽點翰林。

【箋注】

（1）湘林會試時因感冒未與廷試。

十二、喜雨

粵自冬徂夏，炯炯草不青。公田期有渰，睿慮惕無形。

樓蕭三壇禱，家持二氏經。瞻天惟見日，奮地不聞霆。

乃免諸逋稅，仍清庶獄刑。截糧憑使相，頒帑賑災丁。

餘澤沾屠肆，休祥溥闕廷。民歌仁遍覆，神鑒儉惟馨。

漫說魃為虐，（1）從知龍最靈。（2）連番雲擁樹，徹夜雨淋鈴。

鴨種畦畦拾，鳩聲處處聽。乞漿應得酒，醉飽慰頹齡。〔註13〕

【王諮臣按】

以上三詩錄自胡家玉手書真蹟。詩箋稿分贈詩友即求吟正並賜和章。今藏新風樓。

【箋注】

（1）訛言畿輔有九魃。（2）四月兼尹萬赴邯鄲請龍井鐵牌至京供奉，閏五月始得透雨，乃命京尹送還賜額。

〔註12〕張大為、胡德熙、胡德焜合編《胡先驌文存》上卷，江西高校出版社，1995年8月版，第675頁。

〔註13〕張大為、胡德熙、胡德焜合編《胡先驌文存》上卷，江西高校出版社，1995年8月版，第675頁。

十三、書贈雲槎年二兄四絕句

焚香獨自上天壇，桂樹風吹玉簡寒。
長怕嵇康乏仙骨，與將仙藉再尋看。
玉詔新除沈侍郎，便分茅土鎮東方。
不知今夕遊何處，侍從曾騎白鳳凰。
紫羽麾幢下玉京，卻邀真母入三清。
白龍久住渾相戀，斜倚祥雲不肯行。
閒來洞口訪劉君，緩步輕招玉線裙。
細拍桃花擲流水，更無言語倚彤雲。〔註14〕

【箋注】

以上四詩錄自胡家玉書贈雲槎年二兄四屏條。小立袖豆綠花箋紙本。字書正楷屬館閣體。娟秀可喜。原藏新風樓。癸卯季冬寄贈其曾孫懺庵校長。現不知流落何處，恐亦遭十年內亂化為劫灰矣，文獻不足徵。良堪浩歎。王諮臣謹識。

十四、1880年入家廟祭祖，並撰寫楹聯

荷三朝寵，膺一品封，予小子，忝竊科名，所冀詩書綿細澤；
耕百畝田，種數畦地，我先人，艱難稼穡，當思勤儉守家風。

十五、新基村名遂定為治平洲，修宗譜時定增世序

文章華國憲
臺鼎濟世臣

十六、胡小蓬先生七十壽序

龍文彬撰

胡啟鵬點校

光緒丁丑仲冬月之五日，前總憲小蓬先生七十初度，同鄉制錦螯祝，命文彬為之詞。

同治癸酉，先生請減江西額外加賦及裁陋規，除按限加征諸弊，政疏凡三上，得旨下部議准。先生故里濱鄱湖，十年九潦，屢經有司詳請，分別躅緩額

〔註14〕張大為、胡德熙、胡德焜合編《胡先驌文存》上卷，江西高校出版社，1995年8月版，第676頁。

賦，而江西撫臣據咸豐間已豁未完之糧訐奏，又因與撫臣來往書論加賦事被議，遂鐫五秩。人或疑先生有未能釋然者，先生曰：「仕宦何常，但能稍甦數百萬鄉民浮徵之困，何一官之足惜」。自是寄情吟詠，與知交杯酒權笑為樂，貌澤而神采益壯，不自知其失意者。

乙亥丙子兩科，先生之子湘林，孫承弼後先舉於鄉，湘林旋成進士，入詞館，人又嘖嘖，為先生慶。嗟乎！世運風俗翻覆推移之際，變幻萬端，而先生罷官二年，群然喜其子、若孫聊翩濬發，固足徵天理之不慉，而直道之在人心尚，於今未泯也。施愚山有言：士大夫之患，莫甚於重棄其官，重棄其官，則不能不隱忍以取容，及其去也，必愀然不能以終日。古之君子居其位必當於其職，亹亹然，惟致吾力之所能為，與其分之所得言，靳不負於國與民，他何計焉。

先生早歲登上第，自儌直樞垣十餘年，歷任卿貳，至領邦憲，忠言讜論隨時敷陳，其大者如裁防勇、疏運河、覈軍需、慎重釐稅、疏通京員，多蒙嘉納，至於練京兵，修復黃河故道，雖未盡見施行，而其議終不可易。尤有難者，咸豐癸丑，上調江忠源駐九江之師援皖時，彭澤所在賊沿江遊戈，先生慮其上窺江省，白之樞堂，請先援江後赴皖，樞堂韙其言繕旨，竟如所請，又致書江西巡撫張公，云：賊若上窺，須於進賢、順化兩門外扼重軍以通餉道。因詳陳廣西、湖南所以能守，湖北、江寧所以不能守之故。張公如其言行之，比賊至，攻撲百餘日，卒賴江忠源一軍守禦之力，城破而復完，賊卒以不能合圍而退。先生豫籌密防之，為功甚大。

夫人臣以經世澤物為心，非有兼綜條貫之才不能達，非有纏綿怛之誠不克果於自任。先生才與誠合，遇事飆發，靡不洞中機宜，其奏牘之著於邸報者，人得而見之；其燭幾未萌，弭患無刑者，即用鄉人，未必盡知之也。

先生屢握文衡，復因癸酉，充順天考官，磨勘被議，同被議者今均錄用。先生閒散如故，然得子若孫聊翩濬發，足以推其志而行之。

先生又值懸車之年，豈非造物寬以優游之歲月，而以詘之者福之，與文彬不敢襲誄詞以進特明。

先生平日之讜論根於忠懇不容已之情，而其所以被議之故，昭然可共白於天下，庶有識觀之，或不致誚於鄉人之阿私也，愷悌君子，神所勞矣，敬誦詩言，為先生祝！〔註15〕

〔註15〕《清代詩文集彙編——永懷堂文鈔》卷六，第291頁。

【箋注】

　　龍文彬（1821～1893），字筠圃，江西永新人。同治四年（1865）進士。官吏部主事。光緒六年（1880）乞假歸。主講經訓、鷺州、蓮州各書院。長於史學，搜羅稗史百餘種，成《明會要》。另有《明記事樂府》《永懷堂詩文鈔》等。

十七、辭別胡小蘧先生二首

　　黃河幾曲始歸東，雕鶚回飛又順風。

　　四海公論傳疏稿，九重深眷鑒孤忠。

　　直宦原是國家寶，當路誰憐黎首窮。

　　仕宦科名闗奇局（1），天生豪傑不從同。

　　舊隸曹司禮數寬（2），從談時事湧波瀾。

　　謝公本為蒼生起，長孺焉知直道難。

　　進退幾人能灑脫，江湖有約芝盤桓。

　　休言地分雲泥隔，先後向娣並掛冠。〔註16〕

【箋注】

　　（1）公由探花、散館、主事累遷至總憲。以言事，降調任通參。（2）公曾貳銓部。

十八、胡小蘧通參自訂年譜

胡德馨、胡啟鵬點校

嘉慶十三年戊辰（1808），一歲

　　十一月初五日辰時，生於新建縣之西鄉治平洲，為先曾祖所創新基。先祖母嘗語予云：「汝生之前夕，三更後聞汝母房中頗有聲息，亟起視之。汝祖亦覺，問故？答曰：『劉媳將分娩。』汝祖曰：『快去抱孫。』已而果然。問：『何以先知？』汝祖曰：『我昨夕正夢，眾輿夫舁一老者，止吾堂中，衣闊袖、銅色袍，冠制亦古，右手持金管，左手持玉硯，我愛而抱之。方置諸膝而汝適起，故知是孫男。』」道光癸未年，予初應童試，先祖命名鈺，取夢兆也。嗣族叔少碧，謂先三叔曰：「金旁乃上輩譜名，盍易諸？」甲申遂改今名。

　　是年，祖父五十五歲、祖母四十三歲，父二十歲、母二十一歲。

〔註16〕《清代詩文集彙編——永懷堂文鈔》卷六，第291頁。

嘉慶十四年己巳（1809），二歲

嘉慶十五年庚午（1810），三歲

五叔生。

嘉慶十六年辛未（1811），四歲

嘉慶十七年壬申（1812），五歲

二叔病卒

嘉慶十八年癸酉（1813），六歲

始就傅，受業於堂叔兼之先生。時四叔年七歲，先祖命入家塾，予願與偕。先祖喜甚，遂同受業。十月出痘，痘後生瘡。每年春月即發，夏月大盛，冬始落痂、四肢無完膚。至癸未年讀書於西昌書院乃愈。

嘉慶十九年甲戌（1814），七歲

三叔入邑庠。

嘉慶二十年乙亥（1815），八歲

嘉慶二十一年丙子（1816），九歲

先祖啟穀，典於鄉村，里人便之。先父偶外出，先祖輒命予司出納簿。

嘉慶二十二年丁丑（1817），十歲

堂弟家瑞生，三叔所出。

嘉慶二十三年戊寅（1818），十一歲

始學作文。是年，先父每於飯後，吐冷涎即昏，月旬不能動，服附子、白胡椒諸藥，稍瘥，仍不時發；越三年，漸鬖瘥。先祖深以為慮，命市老騸雞和燕窩燉食之，從此遂愈。是年，先祖創造倉房。三叔補廩，時三叔在省垣西昌書院肄業。冬月歸里，每夜靜，授予古今文做法。

嘉慶二十四年己卯（1819），十二歲

受業姑父張斗墟先生，始學作詩。先祖為予聘陳夫人，乃象湖生員陳廷楷公長女。堂弟家璧生，三叔所出。是年八月，先祖母命予赴宴，神祠求籤，為

三姑卜婚也。先母亦命予自卜,能讀書否?簽云:「大清日月放祥光,唯有文章壓四方。三汲浪中龍獻爪,九霄雲外鳳呈祥。」先母以質三叔,叔曰:「神若有靈,此子當作翰林矣!」母常舉以勉予,曰:「毋貽神羞!」

嘉慶二十五年庚辰(1820),十三歲

偕四叔、五叔受業於堂伯成之先生。

九月,三姑于歸,適同邑金盤山萬孝廉(經)長子。

十月間,有過路醫二人至吾家,謂予曰:「好孩子。惜有隱疾,在左乳下,非打非跌。乃與人相戲被指尖擢傷者,不治將深。」予初不經意,以語先母。母曰:「汝自忖,有何疾?」予曰:「往往左手用力曳襪時,有氣一縷,如指大,貫左肋而上,痛不可當。」母遣人追醫者回,出黃色丸藥兩顆服之,自是不復發。

道光元年辛巳(1821),十四歲

仍受業於堂伯成之先生。

七月,三姑暴病卒,祖母哭甚哀,予亦哭。先母遽止之。曰:「毋重傷祖母心。」

道光二年壬午(1822),十五歲

復受業於堂叔兼之先生。每歲六七月間,鸕鶿口萬祠必演劇,相隔僅一河,予從未往觀。是年,劇更佳,先生攜同塾五六人去,而予獨止,先生大奇之!

道光三年癸未(1823),十六歲

正月,先祖送予與四叔赴省,就三叔學,初到西昌書院。

三月,應童子試。是年,江湖水漲,自黃溪渡以下,稻田皆沒。

五月朔,先祖傳諭:「水未消,端陽節毋庸歸里。」予從未遠行,違膝下從未經旬,先母每於族人赴省時,輒殷殷垂問。

至八月,始歸。十數日,仍偕三叔、四叔赴省書院。歲暮,回家度歲。

道光四年甲申(1824),十七歲

弟家琛生。仍在西昌書院,受業於三叔。科試復被黜。三叔選拔貢成均。

六月,歸里,遂在家塾讀書。

十月,先祖發背瘡,甚危險。三叔率予晝夜侍湯藥,臘月始大痊。先祖鍾愛予與三叔,埒疾時,非三叔與予在側輒不歡。堂弟義慈生。

道光五年乙酉（1825），十八歲

二月，三叔攜予與四叔在鴉洲族叔少碧家塾讀書。

四月，大水。三叔因璧弟病，回里。時鄱陽童子渡坡洲圩老基送譜來，三叔偕九叔及能書者，擇而錄之，惜予在鴉洲未之見也。予於咸豐十年重修族譜，蓋以此草本為權輿云。端節後，三叔赴省鄉試，予仍在家塾。作文寄省垣，三叔請少碧叔改正。少碧（名）元煐，戊寅舉人，學問淵雅，所改文每篇不過數字，而啟發良多。

道光六年丙戌（1826），十九歲

正月，三叔偕少碧叔昆仲晉京，予送至鴉洲而還。燈節後，先祖送予至西昌書院。肄業。縣試，在三十名外，府試，第九名，入邑庠。宗師為福禹門先生（申）。

七月，京報至，三叔朝考一等，引見以知縣用，先祖喜甚！弟家珣生。

九月，至白田洲拜劉舅氏。

十月，至象湖，拜陳員外舅，款留數日，遂至吳城，登望湖樓而回。

道光七年丁亥（1827），二十歲

仍在西昌書院肄業。科試一等第五名，複試拔置第二名。複試之日，偶感暑熱，屬稿後，頭暈不能起，草草謄真，竟為禹門師所賞，批云：「以晉人之清談，達宋儒之名理，真覺字字豁人心目，評語蓋冠通場也。」

九月，陳夫人來歸。臘月，補廩。

道光八年戊子（1828），二十一歲

仍在西昌書院讀書，時三叔署安徽黟縣。

三月，先祖送三嬸暨二弟至黟縣。予在省，不克送行。

六月，子濟清生。秋闈被黜。

九月，先祖自黟縣歸里。

道光九年己丑（1829），二十二歲

仍在西昌書院。歲試一等第五名。

八月，先祖命先父赴安慶時，時三叔已交卸，回省。

冬月，署銅陵縣，先父在署理家務。

道光十年庚寅（1830），二十三歲

仍讀書於西昌書院，科試一等第八名。四叔入邑庠，三叔署婺源縣，迎祖母就養，九月行。

道光十一年辛卯（1831），二十四歲

賃佑清寺之興隆堂讀書。

五月，大水，鄉村堂房水深二尺餘，先祖挈眷移寓省城進賢門外之橫街，所典衣服，一併裝至省寓。

八月，祖母自婺源歸。秋闈，仍被黜。

九月，水退，先祖挈眷歸里。

是年冬，地方官招集災民赴鳳凰洲，食粥。不數日，搭棚數萬間，官挨查戶口，連日不得端緒。賑米無從放給，餓斃者不計其數，並有子女迷失者，呼號啼哭之聲，晝夜不絕。始信《鴻雁》之詩，所云「哀鳴嗷嗷」非虛語也。高安徐某作《沙井行》一首，有「三十萬人同聲號，餓鷗晝叫狐夜嘷」之句，蓋紀實云。將赴省，時凡族人所質衣物，先祖皆按簿給還。同祖戶口每人日給米半升，賴以存活；倉儲已罄，自是不復開穀典矣。

道光十二年壬辰（1832），二十五歲

子庭楨生。仍在西昌書院讀書。歲試一等，古學一等，宗師為鄭郎如先生（瑞玉）。是年春大疫，予曾祖以下四房均無恙。秋闈，復被黜。榜後遂不復至書院。先祖新構書舍成，遂究心前明諸大家文及七經精義。先祖嘗諭予：「見族人，少和藹之色，當戒之。」予因於墨鏡左右，硃書「和厚」二字以自警，取和氣致祥、厚德載福之意。

道光十三年癸巳（1833），二十六歲

讀書於鄉塾。

夏，五月，大水。

六月，先父自婺源歸里；三叔補旌德縣，專差迎養。

九月，予奉先祖由省垣啟行，渡鄱陽湖，舟至祁門，登陸過箬嶺。上下三十餘里，輿中望黃山，矗立天際，奇峰變幻。是日，晴霽，下嶺投旅店，屬太平縣。沿途泥水未乾，詢土，人云：「午間大雨。」始知輿行雲上，雨在山下也，摩詰詩云：「陰晴眾壑殊」，似未足以形容其妙。次日，宿下洋潭村，五叔

自署來迎，三叔迎於三十里外。先祖晉署，予寓廳事西之書房。三叔命予十日作一文，並命予課瑞弟璧弟讀。予與三叔早晚侍先祖膳。臘八日，酒酣，三叔喜謂先祖曰：「家玉近日文筆大有進境，不患不售，他日可望鼎甲！」先祖曰：「談何容易。」三叔曰：「是不難，即如今科狀元汪朗渠寫作，不過爾耳，家玉何多讓焉。」先祖笑而頷之。故人羅姓自家鄉來，始聞四叔之喪，三叔與予皆哭，旋囑家人秘之。堂弟家相生。

道光十四年甲午（1834），二十七歲

三叔將修縣城及鼉山書院。

二月，課生童百八十人於署，命予出題、閱卷。予拔汪時元第一。端陽後，予奉先祖歸，道出績溪，過新嶺，出徽州府城，望齊雲山峭壁，中有白石高十數丈，如舟檣帆，痕如繪。仍由祁門登舟，至饒州，湖水甚大，沿途村落在水中央。先父因室廬被浸，遂奉先祖母及眷口移寓省城石頭街，先祖抵省寓，聞四嬸哭聲，問故？先祖亦哭，既而曰：「此子本無能，吾老矣，不值為少子傷我心」，乃揮淚而止。

六月，予移寓宗祠，與鴉洲質夫同寓，科試未與。

七月，翁宗師考三書院，決科，予名在豫章第四。乃不必錄科，秋闈，仍被黜。榜發之夕，五更，陳夫人忽吐血碗許，予驚惶無措。次日，延李醫診視，用十灰散止血。

十月，送陳夫人回里，祖母以下俱歸。先祖始置西萬宜巷公館，遂徙居焉。

十一月，陳夫人卒，厝於老基塘上。祖母旋命予晉省侍先祖養。上年九月將出門時，先父自雪房熊姓糴穀回，有小恙，都不介意；行不數日，而病增劇，四叔亦病。十月，先父病沉重不省人事；先母愁急，不可解，夜分潛刲左股和藥以進。未幾，先父瘳。旬餘，四叔竟不治。是時，三叔、五叔在旌德，予奉先祖在途，先父與四叔皆病家中，事惟先祖母及先母料理，蓋不知若何惶遽無狀也！劬勞之恩，蓼莪之痛，曷有極哉！

道光十五年乙未（1835），二十八歲

正月，回里，葬陳夫人於神湖潭之西。

二月，先祖母攜琛弟、珣弟及濟清至省寓，讀書。未幾，瑞弟、璧弟自旌德歸，從予學，予肄業於豫章、友教、洪都、西昌四書院。中丞周稚圭、府尊張子畏，極加獎贊。歲試，古學俱一等，宗師為許滇生先生（乃普）。秋闈，

中式第九十三名,座師姚伯昂先生(元之)、王平軒先生(治),房師程酉山先生(燦)。榜後填親供,謁見滇生宗師,詢同邑生品學俱優者,予書譚嶸、杜湘、勒方錡、曹聊城以應。明年,勒、曹均選拔。

十月,夏夫人來歸。三四月間,有為夏夫人作伐者,予以期服未除卻之,至是復來說。先祖論曰:「汝晉京,歸期難定,二幼孩需人顧復。汝完姻北上,我始放心。」遂遵祖命,娶焉。

十一月,啟行,過鄱湖,至景德鎮,登陸由婺源縣逾浙嶺。臘月,抵旌德縣署。

道光十六年丙申(1836),二十九歲

正月初六,啟行。途遇三叔自郡城回,匆匆即旅店叩別。次日,到三溪,同年汪棨岑(時傑)亦至,結伴行。至太平府,登舟;行不數里,阻風,泊。遊翠螺山書院,梅花甚多。有太白酒樓,供太白像,龕前一聯云:「狂到世人皆欲殺,醉來天子不能呼。」又楹聯云:「謝宣城何許人,只緣江上五言詩,令先生低首;韓荊州差解事,不惜階前盈尺地,使國士揚眉。」

二月初,抵清江浦,換車走湖路。月杪,抵京,寓新建東館。榜發,未第,卷為周石生先生(開麒)所薦。旋與棨岑及同邑十餘人,結伴歸。

四月杪,抵揚州,棨岑有事往泰州,予與王佩蘭晉城候之。遂遊平山堂,東園及大小洪園,至城外觀龍舟競渡。端節後,棨岑自泰州回,乃附船到金陵,棨岑進城訪親數日。傳聞旌德令已換何某,予急欲回旌德,僱轎趲行,至縣署,則見二堂設素幕,始知祖母於五月初六棄養,予痛哭,三叔益痛哭。上年冬月叩別時,祖母握予手,流涕曰:「汝沿途小心,吾恐不復見汝矣。」予駭然,竟成讖語,傷哉!時五叔自家鄉來,云:「次兒庭槙於三月間天殤。」三叔因計典,以才力不及左遷。予二十六歲以前,重闈具慶,叔姪、兄弟無故,膝下有兩兒,雖屢躓場屋,而天倫之樂不可名言。自癸巳年四叔逝世,甲午陳夫人不祿,愁緒漸生,是年次子夭折,又遭祖母之喪,三叔之變。昔人云「中年多故」,不其然歟?中秋後回里,省祖父於省城。

道光十七年丁酉(1837),三十歲

仍在省寓,侍祖父養。

夏,大水,回里。

秋,三叔自旌德歸,始置竹埠山莊。

冬，十二月朔，偕伍錦鄉姻丈，張小滄、喻味松兩同年及蔡榮蓮，北上，逾常玉山，道浙河，過嚴子陵釣臺。

道光十八年戊戌（1838），三十一歲

正月，抵杭州，謁方伯程晴峰先生，由王家營僱車行。

二月杪，抵京，寓東館。春闈，仍不第，旋移寓西館。與勒少仲（方錡）喬梓同爨。

六月，考取咸安宮教習，第七名。是考搜撿甚嚴，革去懷挾舉貢數人。閱卷卓海帆先生（秉恬）、恩小山先生（桂）、李錫民先生（振祜）。

八月，接家信，云：「祖父近患腹瀉。」重陽日，偕少仲、曹寶三、王柳坪出都。

十月，舟抵安慶，謁方伯程憩棠先生。

十一月，抵昌邑，晤錦鄉姻丈，始知祖父於九月十二棄養。慟不可當，遂歸，哭祖父柩於倉房。子翰清生。堂弟家璧縣試冠軍，入郡庠。

道光十九年己亥（1839），三十二歲

正月，親友來弔。大雪，款留數日。燈節後上省，仍課諸弟讀。堂弟家瑞縣試冠軍，入邑庠。

十一月，附紅船北上，南邑胡復初曾作《舟同舟》。高安熊松之後至，行十數日，抵揚州，仍由王家營北行，除夕宿皂河。

道光二十年庚子（1840），三十三歲

元旦啟行，燈節後抵京，寓東館。與南邑諸君聯課。闈春，仍不第。卷為胡詠芝先生（林翼）所薦，旋移寓西館。與鄒林，徐亭梅聯課，將課藝寄呈三叔，復書云：「照此用功，斷無不售之理。」中秋後，兼就正於陶杏林先生（春元）。

是年冬，葬先祖於龍王潭石子腦。

道光二十一年辛丑（1841），三十四歲

正月，考中書被黜。

三月補教習，擬俟放榜後到學。春闈揭曉，中式第一百九十一名。總裁王定九師（鼎），祁春圃師（寯藻）、杜芝農師（受田）、文鷺軒師（蔚），房師張邁菴先生（雲藻），撥房宗室和蘭莊先生。複試二等。是年閏三月，停殿試，

復由西館移寓內城賢良寺，與喻秉醇同炊。

四月二十一，殿試。二十四，黎明，赴中左門聽宣，名在第三前。十名皆引見，始得瞻仰天顏。次日，五鼓進太和門，上升殿，傳臚行禮，畢。至順天府筵宴，關帝廟行禮，送狀元歸第。尋至新建東館，程齊亭先生及勒少仲諸君備席迎，黃莘農先生來賀。二十八，朝考鼎甲三。卷另封，進呈。

五月，引見，授翰林院編修。是科，讀卷王定九師、卓海帆師、許滇生師、龔季思師（守正）、德默菴師（誠）、李侑堂師（煌）、慧秋谷師（成）、李春皋師（品芳）。大教習師穆鶴舫中堂（彰阿）、祁春圃先生。小教習師張小浦先生（芾）。

八月，恭遇萬壽，恩詔加一級。覃恩封父儒林郎、翰林院編修，母安人；貤贈祖父母亦如之。

九月，乞假歸，杜雨三（霖）同行，臘月抵家。

是年冬，葬先祖母於竹埠莊之傳家腦。三叔惑於風水之說，予屢促辦葬事，遂定兆。

道光二十二年壬寅（1842），三十五歲

正月初，進山祭祖母墓、遂至石子腦祭祖父塋。時墓西有李姓盜葬，勘明詣省，與三叔商議，將墓西餘地買至山腳，李姓旋起柩。

八月，攜夏夫人及翰清晉京，由水道至武昌，登黃鶴樓。

十月，抵樊城，換馱轎行。

十一月，到京，銷假，初寓高升店，旋移寓永光寺西街，小門屋不過十二間。

道光二十三年癸卯（1843），三十六歲

二月，子庭鶴生。

四月，赴圓明園考差，與龍翰臣（啟瑞）、龍靜軒（寶蓮）兩同年，賃寓觀音寺。

五月初四，引見。是月三叔病卒。鶴舫中堂館課《文選樓賦》，拔取第一，大加讚賞。

八月，簡放貴州學政。初六，遞謝恩摺。召見於養心殿西暖閣。同日召見者四川蔡菱舟、雲南吳和甫、陝甘金可亭三前輩。上詢至甲第，奏言：「（臣）係一甲。」又問第幾名？奏言：「第三名。」天顏大齊，云：「汝是探花呵！」當即抐頭謝恩。又諭：「汝尚未散館，即任學政，宜倍加謹慎、嚴密關防、約

束家丁、毋稍大意。」當即連聲奏是。出，謁鶴舫中堂，一見即連稱「好賦、好賦！」蓋指五月館課而言。越數日專稟，回江，迎嚴慈至黔。

九月初六，馳驛之任。

十月，抵荊州，見夏蔚然姻丈，及家琛弟。外舅時為江陵典史，始知父親挈琛弟來完姻，行將至矣。二十三，抵辰州，接琛弟信，知父親已到荊州，並聞母親由袁州逾萍鄉，取水道來。

十一月十八，抵貴陽。

十二月，父親攜琛弟來，迎於龍里。中丞賀藕耕前輩率司道以下出城迎。是月，課貴山、正習、正本三書院生童。

道光二十四年甲辰（1844），三十七歲

正月，母親攜珣弟及大妹，濟清諸人來，仍迎於龍里。中丞以下迎如前。

二月，出棚歲試，安順府複試文童，黜交白卷者一名。

三月，赴興義，過觀水亭，小憩。望白水河，自北南流，下石潭。潭深數十丈，急湍歕薄，雪舞雷轟，寒氣逼人，不堪久坐。至永寧州，遊妙明洞，過關索嶺，甚險峻，有卓刀泉。逾盤江，由鐵索橋行走，橋彎如弓，兩岸皆絕壁，俯視江流，不可以丈尺計。舟不能渡，非橋不行，蓋天險也。橋之南石壁，刻張三豐像，輿夫各焚香，拜而過。至新城鎮宿，鎮南新修一橋甫竣工。土人席氈於橋上，請予蹺橋，以為瑞兆，並請易其名，命曰「文昌」並為之記。

四月，試大定。

五月，赴遵義，過打鼓新程，此地田土肥美，沿途見筒車取水灌田，為黔省所未有。陳大守，由楊忠武營立功者。試畢，飲予，談征張格爾時軍事，甚悉，因為小記。試文童，時天氣方熱，皆脫帽，一童獨否？呼之登堂，則安順新進曹瀛也，眾驚以為神。

六月，回省試貴陽文童。時幕友湘門得一佳卷，以示予。予曰：「此興義府所取第一名文童手筆也。因複試不到，扣除卷尚在，可取出一對筆跡。」對之果然。次日，召該童面試，認保偕來。予曰：「汝仔細認，係本童否？」答曰：「不錯。」令默寫、小講，與原卷相符。予叱令跪，取興義扣除卷示之。曰：「此非汝所作乎？」乃叩頭求寬恕，詢其里居，則湖南漵浦人也。遂交提調懲辦，並將保褫革。考武童時，有張某，面白身肥。予斥之曰：「汝非遵義某童乎？胡為至此？」張慚而退。予亦不深究。蓋黔省武童，亦多鎗替歧考者。

是年，舉行恩科。

七月，錄遺。

十月，恩詔加一級，馳贈三叔儒林郎、翰林院編修，封嬸為安人。同月，赴石阡、思南歲試。將起馬時，有安化革生文治隆，具呈訴冤，予令回思南候訊。抵思南，下馬之日，詢安化學教官：「文治隆因何褫革？」答以該生之父酒醉滋事，縣差扭至署中；時縣官公出，白門丁，鎖於頭門內柱上；該生自鄉間聞信，趕至縣城，時將二更。縣署門已閉，遂撞開頭門，咆哮不已，故斥革衣頂。予詰之曰：「生父與何人滋事。」曰：「不知。」「用何物撞門？」曰：「鐵錘。」問鐵錘自生家攜來，抑在縣城借得。曰：「不知。」予曰：「文治隆聞父被差鎖押，不能不救，且官司不在署，門丁私鎖伊父，該生出言爭辨，亦非大過；庇差凌辱生員，此風斷不可長！」乃飭郡守復訊，開復焉。次年，科考，文治隆取列二等。予旋省時，該生出城叩送，帖署「再造生文治隆」云。藕耕中丞聞予辦理此案，嘗語周小湖前輩云：新任學臺不但能衡文，能杜鎗冒，其於吏治亦甚精覈。

十一月，試鎮遠思屬，鎮屬新進文童百名，複試不符者十二名；補取招復，復有四名不符。此地與湖南接壤，鎗倩最多。

十二月，回省，順道遊飛雲崖。未至崖一二里許，望見瀑布一道，直下數十丈，惜俗僧不知構亭其下，得仰觀懸流。崖石灰白色，千奇百怪，不可名狀，渡石橋後，林木廟宇太多，真景反為所掩。所見之瀑布，竟不知在何處。二十二，晉省。蓋自壬寅至今，始團欒度歲也。是月，長女生。

道光二十五年乙巳（1845），三十八歲

二月，赴平越歲試。過葛仙橋，途中見絕壁，高數十丈。張三豐書「神留宇宙」四大字。平越府改為直隸州，府學額二十名，平越縣學額八名，併入州學共二十八名。童生入學甚易，故文風日壞，新進頗難足額。湄潭、甕安兩縣較佳。

三月，試都勻。城西北隅跨山，山有寺，寺之左有亭，予往登焉。見城外多是童山，人煙甚少。試畢，起馬，至獨山州三角屯，登舟。江水迅疾，舟駛如飛，頃刻行八九十里，抵古州，登陸。州城多榕樹。明晨出城，所走皆苗寨，苗人蓄髮者尚多。司屬為苗童，關廂為漢童，並隸府學，歲科並行，永從、錦屏兩學，頗難足額。科試開泰縣，案首次藝不稱，黜之，仍取佾生。由都勻至黎平，水陸八站。

四月，由黎平起馬，十站到銅仁。考棚甚宏敞，乃周小湖前輩守銅仁時所建。銅仁歲科並行，二十餘日始畢事。

五月，赴鎮遠科試。

六月，到石阡、思南科試。考思南童，古點名時，見數人形狀可疑，另號試之，皆交白卷而出。其為鎗冒，可知矣。

七月，抵平越，計程八站，科試，十日而畢。二十二，抵都勻，有蒙某，首告伊子冒張姓，入貴陽學，被衿童訛詐不堪，情願請褫革云云。予詫異，牒貴陽周太守嚴訊。

八月，回省，周太守面稱：「此案係廩保與教官舞弊，乃將教官勒休，廩保等均斥革焉。」科試開州，拔蕭庭滋第一。中秋後，竣事。

是年，不復出棚，得以依依膝下；間或演劇，博二老歡，天倫之樂為平生所僅有。

道光二十六年丙午（1846），三十九歲

二月，二老啟行回籍，送至龍里縣，宿。次早，母親登輿，後握手，欷歔不忍別，淚下如雨。方以慈暉日永，迎養有期，誰知事與願違，竟成永決。追維往昔，恨悔難言，不孝之罪，萬無可逭矣！月杪，出棚，考遵義、大定。此二棚鎗替較少。

四月，試興義、安順。沿途罌粟花甚多。

五月，試畢，晉省，課貴陽、正誼、正本三書院生童。是夏頗旱。

六月間，城內多火災，居民設醮於火神廟，禁茹葷。生員田鎔等寓廟內，市肉入，眾止之，不允，致相毆控。縣差傳田糾眾，赴縣喧鬧。縣稟府，添差傳訊，眾縛差而毆。旋至撫署，洶洶不下數百人。中丞傳巡捕詢問，眾駭然，奔至試院大堂下。時將薄暮，予請府縣至，燃燭坐堂，而諸生紛紛遁矣。次日，令監院教官查滋事者二十七人，乃商之中丞，懸牌暫革，交貴陽府傳訊；有不到案者，獄久不決。予於錄科時，出「赦小過，舉賢才」題，於是，赴訊者，皆開復進場。有王政等五名未到案，不得開復。次年，予函致後任翁藥舫，設法昭雪，翁復書，云：「丁學使到任時，已詳部斥革矣。」至今猶耿耿焉。先是，藕耕先生撫黔時，殷殷以樂育人才為念，凡書院翹取者，常延至署中，講究經書時藝，並採訪地方官司賢否。諸生逐漸放曠，至手攜燈籠亦朱書「某某書院肄業」焉。傳曰：「水懦則民玩。」馴至闖入院署，而不免於禍，則先生優容之過也。

九月，有白鶴止樓下，不去，飼之。喬見齋中丞復贈一白鶴，繫以詩，次韻和之。

十月，中丞餞飲於黔靈山。

十一月初，新任學政何丹谿前輩來，越日，交卸。十四，啟程，中丞率屬送南門外首，府縣送圖雲關，關有諸生去思碑，旋冒雪行。

十二月，抵荊門，度歲。是年，次女生。八月，二老為濟清納婦，伍氏。

道光二十七年丁未（1847），四十歲

正月初三，啟行。至樊城，換車北上。

二月初四，到京。初五，覆命，召見於養心殿西暖閣。上視朝甚早，御榻前，銀燭尚未撤。是日，奏對頗謇澀，蓋奔馳數載，精神不團聚也。

四月，補散館。越日閱卷，穆相居首，予卷分在黃侍郎（琮）處，擬第一。送穆相定前後，置第二。眾見首卷序賦皆有疵，以為不可作，館元白穆相。穆怒曰：「由諸公評定。」季仙九取予卷細閱，驚而詫，眾視之。則首句有「即墨大夫問於管城先生曰」，「生」字誤作「王」字也，復白穆。穆曰：「此三等卷也。」眾曰：「寫作俱佳，一字筆誤，置一等後可矣。」穆不許。張小浦先生，予小教習師也，見予筆跡甚穩。曰：「恐是胡某卷，鼎甲學政，似宜稍從寬。」穆厲聲曰：「我認票不認人。」遂置二等二十名。後引見改部屬，分刑部四川司。祁師珠不平，嘗語予曰：「部屬他日外任，不過知府，然非十數年不可。現開事例，何不捐知府分發？貲不敷吾當助汝。」是時捐分發知府近萬金，張羅卒不就。然祁師屬望之意，至今猶心感焉。是年，寓後孫公園，納妾周氏，次女殤。

七月，子毓清生。

道光二十八年戊申（1848），四十一歲

主司稿，月五六進署而已。文星岩世叔掌貴州司印，與予甚相得。司事分三股，李清凰、徐文藻、周有簠各管一股。

冬，見齋中丞入覲，來拜，為惋歎者久之。三女生，妾周氏所出。

道光二十九年己酉（1849），四十二歲

三月，刑部考，送軍機章京第一。

四月，軍機處考試第一，移寓城內舊簾子胡同。

五月，引見記名，即日傳補入直，聞祁師云：「試之日，樞堂進內，預備召見，留潘相收捲。」穆相謂祁師曰：「首卷已定。」祁師曰：「卷尚未交，安得定甲乙？」穆相曰：「捨胡某其誰耶！」祁師喜曰：「老師肯栽培，則胡某有出頭日矣。」穆相曰：「吾聞他在司中，遇杖囚見血，輒用扇障面，此豈邢部中人耶？」蓋予散館改官，公論往往以穆相偏植門人，故特拔第一，以示公道。予在翰林七年，日從事於詩賦耳；及入樞值得，覽天下奏疏，開拓心胸眼界，一洗書生積習，私心甚喜。

十一月，翰清、庭鶴及三女均出天花，予與夏夫人日夜愁急，又時赴圓明園值班。越數夕，翰清漸愈、庭鶴花陷與三女先後殤，慘不可言！

是年，家鄉大水，寄銀，分贍族人。

道光三十年庚戌（1850），四十三歲

正月，移寓繩匠胡同。宣宗成皇帝昇遐，文宗顯皇帝登極，恩詔加一級。是年，覃恩凡五次累：贈祖父中憲大夫、祖母太恭人；晉封父中憲大夫、母恭人；貤贈三叔中憲大夫、嬸恭人；贈四叔朝議大夫、嬸恭人；贈五叔奉政大夫、嬸宜人。

九月，隨樞堂恭送梓宮，隨帶加一級。四女生。

十月，移寓米市胡同，擬迎母親來京。

咸豐元年辛亥（1851），四十四歲

二月，樞堂派修冊檔。

三月，隨樞堂至慕陵奉安，隨帶加一級。

十一月，冊檔告成，議敘無論題選，諮留即補。姜周氏歿，孫承弼生，濟清所出。納妾高氏。

咸豐二年壬子（1852），四十五歲

四月，考差之前一日引見，補四川司主事。貴川司掌印恩文甫請備文送考；周芝翁以未述旨難之，遂作壁上觀。

十月，袁午橋侍御劾定邸多款，得旨：「明白回奏。」內有書「侍郎（元）在乾清門內給定邸請安」一節，覆奏云：「胡某目擊為證。」邵蕙西偕一人在玉泉山，接摺回，以語予。眾皆失色。有謂書係刑部堂官宜代為諱者，有謂天色甫明看不真者。予曰：「不然，我補缺引見時，親見其事。午橋前輩過我道

喜，偶談及此。若竟不認，是負午橋也，吾當以實對。」既而上不問。

八月，子相清生，姜高氏所出。長孫女生。

咸豐三年癸丑（1853），四十六歲

正月，粵匪由武昌下江南，皖城、金陵相繼陷。

五月，圍江西省城。接家書：父親住楊湖莊；母親攜諸弟寓省城。不知能否出城？即能出城，而吾家距大河僅數里，賊船上下一望而知，鄉間亦不能住。愁急萬狀，刻刻思歸。

六月，請假歸省，在比部具呈，有「故里摧殘，回籍還須寄籍，高堂轉徙省親，尚待尋親」之語。時雨水甚大，陸路不通，延至八月，擬走運河，復聞賊由晉東竄，遂僱騾轎，由北路行，出居庸關。時相約僱船吳艾生同年，及郭維鍵，婺源令楊同年，行至青縣遇賊，棄船而逃，吳眷口遇害。予因改道得免，亦幸矣哉！

九月初五，啟行。初九，宿宣府。十四，宿大同。十八，過雁門關，關在山巔，登陟甚陡險，下山騾轎多僕，望見代州城，宿羊頭城，乃羊舌氏故里。二十，宿忻州。二十二，抵太原，城門稽查甚緊。

十月朔，換車，道樊城。過介休等縣，尚未解嚴。初五，過韓侯嶺，嶺有侯廟，塑侯像，甚腴微須，墓在廟後。初八，過趙城，有藺相如故里碑，全國名卿坊、義士橋。初九，過平陽郡城，被賊攻陷，退出未久，荒涼不堪。十三，渡茅津，入河南境，住磁中坊。自南來者云：「漢陽失守，樊城紛紛逃遁。」是夕魂夢不安。次日，改道西安。十七，抵潼關。二十，宿臨潼南門。越日過灞滻二橋，進西安東門，探知賊不在武昌，定計仍走樊城。

十一月初二啟行，過華陰，望華山甚奇特。二十二，到樊城，詢問賊，在黃州一路。

十二月初二，登舟抵岳州，洞庭湖涸淺，陸路可到君山。次日，過雲亭，河內木樁累累，乃上年防粵逆下竄者，尚為行旅之患。二十五，至長沙，尚未解嚴，閱黃道門外湘勇營盤，望妙高峰、天心閣，換艇子船。二十九，抵湘潭，度歲。

咸豐四年甲寅（1854），四十七歲

正月初二，開行，進淥口，過醴陵，抵萍鄉，過山至盧溪鎮。登舟，由袁郡城外出分宜、大橋、臨江、樟樹鎮，沿途皆有練局。

二月初五，泊章江門。次日清晨進城，至寄馬莊公館，見門懸孝圈，驚魂欲絕。詢之六弟，始知母親上年九月二十三已見背矣。嗚呼痛哉！時父親臥尚未起，泣跪床前。父親扶起，悲喜交集，蓋半年未得京中信息也。時母樞厝於棲霞宗祠，父命翌日進山哭奠。留數日，遂至靖安謁外姑，順道至奉新。蓋經兵燹後，省垣常告警，擬擇地而居也。未幾，中丞陳竹伯同年命南昌太守史士良請予進署計事。予以卜地入山辭。

五月，扶先母櫬至竹埠莊前，厝余姓基側。既而中丞請主講豫章書院並辦紳團局務。

秋，黃莘農侍郎請駐省局，辦勸捐湖南礮船經費，凡先後奏章，及捐輸章程稿案，皆予手訂。

九月，赴河口捐辦，與萬篴軒同行。會有警，局未定而回。

咸豐五年乙卯（1855），四十八歲

辦捐七八十萬兩。曾滌生（注指曾國藩）侍郎於上年臘月二十八夜，為九江踞匪所襲敗，回駐江省，復整頓戰舸，賴捐款集事。陳黃奏獎捐局人員。予俟服闋後，以員外郎先補。

是年，仍主講豫章，臘月回里。

咸豐六年丙辰（1856），四十九歲

正月送眷口至鉛山，將由浙北上。舟過安仁縣城時，城內已空，前去十餘里，而賊至矣，險甚。至河口，換小舟，由陳坊入篁碧村，寄寓雷西園前輩之書房。

五月，服闋起諮。

十月，為翰清納婦程氏。臘月挈眷北上時，父親精神健甚，促予行。將至罌潭，予所乘舟屢屢擱淺，不能渡，遂離罌潭十里泊。是夕，賊由鄧家埠至罌潭放火，清晨火尚未熄，幸未抵罌潭，否則不可問矣！至白沙，度歲。

咸豐七年丁巳（1857），五十歲

正月，過常玉山，抵杭州，晤中丞晏彤甫前輩，至萬篴軒宅，見一海峰房，大如斗，門戶儼然。出武林門，登舟。

二月，抵蘇州，泊胥門，中丞趙靜山、蘇守薛觀唐來拜。時陳月湖同年在省賦閒，盤桓數日，遊獅子林，登元妙觀。二十三解纜。納妾華氏。至常州，

由奔牛丹徒閘渡江，至萬福橋。文星岩世叔在此紮營，招飲。過清江浦，晤河帥庚子仙。至楊莊，換船。抵濟寧，水涸甚，遂捨舟登陸。

五月，到京，寓石頭胡同，仍入直樞垣，捐輸撤局保，俟補缺，後以郎中用。

八月，父親凶問至，竟於六月十九日棄食。叩別未十月，而有此意外之變，嗚呼痛哉！時經費將竭，不能攜眷星奔，一面料理安家；一面料理回南。

十月，移寓上斜街，為濟清報捐布庫大使，在京候選。

是年七月，子湘林生。

冬月，孫承詔生，翰清所出。

咸豐八年戊午（1858），五十一歲

正月，出都。

二月，抵常熟，遂至蘇州。聞杭州有警，專信萬篋軒探問。乃往滬瀆看火輪船，住水仙宮。旬日，回信至，云小路可走，因取道杭州。蘇常距金陵百里，而商賈輻輳，人物繁華，若不知有兵革也者。杭城亦無準備，奇哉！抵杭後，賊方圍嚴州，改道餘杭、於潛、昌化，過徽城，張小浦師督兵駐此，款留一宿。由祁門登舟，記道光十三年冬初，奉先大父赴旌德，寓馬元異行，兵燹後，此行尚存，前後已二十餘年矣，不勝今昔之感。

六月，抵省，旋赴竹埠停厝所哭奠。

十一月，翰清自京回，應童試，取古學入邑庠。

是年，往返西山數次。

咸豐九年己未（1859），五十二歲

主講經訓書院、西昌書院，江省停數科。

三月與夏十三前輩等議修貢院，呈請耆中丞（齡），借釐局三千金興工，不准。遂與惲潛生方伯，李黼堂觀察籌商，方伯慨借庫款三千。開局之日，自送至局。予每日督修，幸各縣聞風，捐款大至。添建號舍千間，餘材修理豫章、友教、經訓三書院，共費三萬餘金，事詳貢院碑。

十月，舉行鄉試，時耆中丞調粵撫，單地山學使代監臨。榜發，翰清被黜。冬月，回京，臘月得京寓家信。

十一月晦，被劫五六百金。

是年，有西山鄉村某老人屢至省寓，言先父曾在龍潭買地，名沙山。予未之信，乃親至訪焉，果有沙山，遂購得之。又買孫姓來龍山一穴，楊家湖桂花樹李姓山一段。

咸豐十年庚申（1860），五十三歲

春末，開看各山生記，皆不可用。惟沙山尚好。乃請喻茂才擇期，於七月十六卜葬，嚴慈同穴，用曹安峰葬法，四圍磚砌，用石板蓋之。右穴靠前和有圓暈，形如鋸斷杉木，平放在上，紋細潤亦如之；五色俱備，其黑色者，指撚如墨，光滑如脂。左穴一圓暈，偏右邊微下，暈形不能全露。乃將前和磚各留一孔，方四寸許，以通圓暈之氣，而以墓誌銘石平鋪孔之上，以防散土入穴。外用三和土築成，土外用燒炭屑一層，以杜樹根，用草皮土鋪填面，計用石灰百石。觀者僉謂堅實可久，惟蓋石板厚二三寸，土壓過重，終恐斷折，若於石板上用磚卷矮槨以夯土，則更穩固矣。惜恩遽之中思慮不及此也。計在山露處經營五日，圓壙之前一日，大雨如注，壙用席棚罩之，得無恙。

八月初旬，水程北上。中秋後，至武昌，晤湖督官秀峰、鄂藩文友石，僉云聞都城有警，上幸灤河。予易舟溯漢而上，至樊城，遇南旋者相望。予偕夏小潤北行。

十一月，抵京，寓繩匠胡同。命翰清契眷回里應試。先是，濟清選授浙藩庫大使。七月出京，舟過漢江，不遇。至是京寓惟琛弟及夏夫人、四五六諸子女也。

是年四月，納妾陶氏。

咸豐十一年辛酉（1861），五十四歲

二月杪，赴行在，直樞班。

三月，補廣西員外郎。

四月，乞假回京，考試差時，移寓兵馬司前街。

五月，簡放湖南副考官，硃筆諭：「軍機大臣胡家玉，昨已放簡湖南副考官，如在此值班，飭令趕緊回京啟程，欽此。」家玉於考差後，尚未回灤河入直，上諄諄垂意，命趕緊回京，體察下情，無微不至，區區員外郎，何修得此恩遇，真感激無地矣！

六月初七，偕正考官司王漁莊（澎）出京。前數日，夏夫人吐血甚多，服藥數劑恙漸平，不能不行。十一，抵望都宿，戌刻接直督文星岩信，云湘撫已

奏停鄉試，請候旨行。時聖躬不豫，章奏暫停。進住望都客店。二十日，迄未得旨，苦不可言，腹瀉，兩骹潮溼，瘡甚。

七月初一，回保陽。初十戌刻，奉諭旨，馳驛回京。十七，抵京。是日，文宗顯皇帝昇遐。十九，赴內閣，遞覆命摺不收。時已得凶問，遲至八月初一，始附閣報遞至熱河。穆宗毅皇帝登極，恩詔加一級。覃恩貤贈外祖父劉懋潤中憲大夫、母恭人。

九月，順天鄉試，入圍分校，得士十七人。補江蘇司郎中。聞新政紛更，入圍之日，託友人於得郎中報後捐，免歷俸截取。出闈之前，上已回鑾，樞政一新，遂將捐呈撤回，捐貲移獎他人。未出闈，已派幫領班。

十二月初一，夏夫人卒。前夕三更，忽血壅氣閉而絕。予方宿直，次早聞信回，竟不獲面訣，傷哉！二十一，厝於永樂寺。

是年七月，珣弟選浙江湯溪縣典史。七子生，妾華氏所出。

同治元年壬戌（1862），五十五歲

三月，翰清來京。

四月，充方略館纂修，提調考試差，領樞直頭班。琛弟攜諸侄等偕同邑公車南旋。

九月，移寓潘家河沿吉安館。

十一月，陶氏妾自江省來。

同治二年癸亥（1863），五十六歲

上年冬，纂四國檔成，議敘加四品銜。

八月，移寓轎子胡同。是夕，夢至淄陽書院謁曾子、孟子，因以「夢輿」二字顏書屋，求祁師書之。

九月，郎中俸滿，截取引見，得旨開缺，以四五品京堂候補。截取引見內用京堂，自予始。

十一月，補鴻臚寺少卿。

十二月，七子因湯火傷，醫治月餘，不愈，殤。

同治三年甲子（1864），五十七歲

正月，濟清挈眷來京。

二月，命翰清送夏夫人柩南旋。疏陳河流北徙，請築直隸山東官隄，保衛

農田，片陳南改折非久計，宜籌辦河運。得旨：「該部議奏」。

三月，升通政司副使。

四月，在南書房考試差，升光祿寺卿。

五月，簡放四川正考官，副為張錫甫給事（晉祺）。是科甲子、辛酉並行，時棧道不通，改由湖北陸路入川東，走歸州、巴東、巫山至夔州府，沿途皆崇山峻嶺，艱險異常，且人煙稀少，無客店，往往借民房棲止，苦不可言。

八月初二，抵成都。初六，入闈。接部文，升太常寺卿。

九月，奉密旨，偕張晉祺前往湖南，查辦事件。初九，揭曉閱邸抄，知因金陵克復，賞帶花翎並軍功隨帶加二級。二十，奏啟程日期，並隨員銜名：一知縣傅翼，撫州人；一通判王世勳，安徽人。

十月，由陸路至重慶，登舟，巫峽諸峰奇特，不可名狀。

十一月，抵江陵，捨舟登陸，至澧州。查州城失守事及州牧交代，順道至常德，查釐局案卷，並傳詢書史。接部文：拜大理寺卿。二十六，抵長沙，覆奏沿途查訪情形，提訊各案，皆親鞫。月餘，已有頭緒，臘底定稿。

是年五月，八子生，妾華氏所出。

同治四年乙丑（1865），五十八歲

元旦望闕行禮。次日，錫甫繕正折，予結片。蓋折由予定稿，錫甫謄真，隨員不得與問。查辦事件從無似此之密者，然予亦憊甚。初十，拜發結案折，因錫甫病疥，留數日。十五，夜大風，連日大雪，水陸均不能行。遲至二十二登舟，抵武昌，因驛站被焚，仍由水道抵樊城，登陸。

三月二十八，至京覆命，赴御前謝恩。過保定時，唐義渠談及惲次山有辯諭摺，謂釐局實係先稟後行。抵京後查原奏抄案，復陳。得旨：「統交部議」。尋議惲降三級，毛降一級，餘降革有差。

七月，為毓清納婦，曾氏賓谷先生孫女，笙巢侍御之女。

九月，隨扈赴東陵，文宗顯皇帝永遠奉安，隨帶加一級。

十一月，長女于歸，適朱通政景唐之子琛。

是年，濟清置妾陳氏。

同治五年丙寅（1866），五十九歲

三月二十七，升左副都御史。二十八，謝恩。召見於養心殿東書房，詢履歷及樞堂事，甚悉。二十九，奉旨：「在軍機大臣上學行走」。

四月初一，謝恩，偕樞臣召見，恭親王領班，兩宮不垂簾，碰頭謝恩。奏事畢，趨出。道光年間，放學差時，召封兩次，均在此，彈指已二十餘年矣。越數日，賞乾肉一方；月底，賞紗四疋、葛紗四疋、及香包、荷包，宮扇、摺扇共八包。

七月初十，升兵部左侍郎。得旨時在御前脫帽碰頭。慈禧太后笑云：「汝就開了頂。」奏言：「開頂多年。」恭邸奏云：「他精神甚好。」一日奏事畢，慈喜太后顧予而言曰：「胡家玉倒無漢人們習氣。」回直後，寶佩蘅司農謂予曰：「上加讚賞矣！」慈安太后萬壽前半月，樞臣輪班進膳。十二，赴寧壽宮聽戲，賞大卷江綢袍褂料、大小荷包及如意珍玩各件，共一抬盒。先是，總理衙門奏請飭直隸添練六軍。得旨：「交戶兵兩部、總理衙門、神機營議奏。」

八月，會議，予以直隸練軍多年不效，且洋人盤踞京城，設有緩急，直隸之兵勢難立致。因排眾議，請練京旗兵萬五千人。得旨：「乃令會議」。眾仍照前議，惟神機營添千人而已。

九月初四，曾國荃奏參官制軍（文）多款，有予過武昌時，官文提竹木稅四千金送禮一節。次日，召對，令覆奏。初六，奏言：「因驛站不通，改由水道。官文與撫司道共贈千金為路費是實。」摺上，賞燕窩一斤。旋奉旨暫緩入直，仍專辦部務。派綿森、譚廷襄前往查辦。

十一月，綿、譚覆奏：「雖非私相饋贈，究屬事共情同」云云。得旨：「交部議」。

十二月，議上，得旨：「加恩革職留任，毋庸在軍機大臣上學習行走。」

是年二月，八子殤。四月，九子生，姜陶氏所出；九月，痘殤。十一月，孫承諫生，毓清所出，曾氏媳產難亡。

同治六年丁卯（1867），六十歲

四月，始派驗看月官。

八月，順天鄉試，龍門稽查。

十月，管理五城勇局務。武鄉試，校射辰字圍。

十一月，捐賑米四百石，蒙恩寬免革留處分。

十二月，查核工部內務府年終報銷，兼署刑部左侍郎。是年十月，移寓四眼井，祁文端師舊宅。十一月，生辰，萬藕舲大宗伯率同鄉諸公在鄉祠演劇稱祝。

同治七年戊辰（1868），六十一歲

二月，始派驗放各官，偕皂保承修東陵工程。閱各省舉人複試卷。

三月，揀選雲南、貴州、甘肅府州縣等官司，閱舉人補試卷。派管馬館。

四月，復勘會試硃墨卷，閱新貢士複試卷，閱庶吉士散館卷，閱新進士朝考卷。

六月，閱拔貢朝考卷。

七月，撚匪肅清，恩加一級。

九月，武會試，校射列字圍。複試，弓力不符者二人，罰俸一年。

十月，疏請疏濬黃河，籌造軍船，運道徵收本色。

是年正月，子醴堃生，妾陶氏所出。三月，為毓清續室劉氏，雲貴總督鑑泉先生之女。

同治八年己巳（1869），六十二歲

正月，承修盛京福陵及賢王祠工程。

七月，回京覆命，揀補雲南廣南府等缺。

十月，揀選甘肅同知等缺。

十一月，偕魁齡承修鼓樓工程。珣弟委護海運來京。予為捐，升縣丞，旋經浙撫保奏，補缺，後以知縣陞用。

是年六月，孫承弼人邑庠。七月，翰清補稟，川督以援黔功，由訓導保知縣；八月，因患瘡久不愈而亡。十一月，四女于歸，適楊慶伯同年之子德成。臘月，為孫承弼納婦，徐氏小雲樞部之女。江鄉大水，會銀交濟清接濟親族。

同治九年庚午（1870），六十三歲

二月，疏陳黔湘軍頗不出力，請飭湖督李瀚章馳赴辰沅，督湘軍援黔。

四月，盤查三庫。

八月，順天鄉試，稽查接談、換卷。兼署吏部右侍郎。復勘各省鄉試卷。

九月，閱順天舉人複試卷。

十月，偕察杭阿勘估貢院添建號舍工程。疏陳江西省徵收地丁銀，每兩徵銀一兩五錢，非制，請飭江撫議減。

十一月，奉命，偕志和前往西陵，查辦事件。

是年，朱小唐婿中式舉人。十一月，長孫女于歸，適許柱臣侍御之子曾緒。寄銀回江，接濟族人。

同治十年辛未（1871），六十四歲

二月，閱補行複試舉人卷。

三月，閱二次補行複試舉人卷。會試，稽查接談、換卷，復勘會試硃墨卷。因朱小唐婿中式，迴避。閱孝廉方正卷。

五月，調吏部左侍郎。

八月，覆核朝審冊。

九月，兼署兵部右侍郎。承修太廟工程，稽查京通十七倉。

十月，移寓鐵門，恩賞紫禁城內騎馬。

十二月，條陳時務四事：核勇數、汰勇營、一捐納、謹釐稅。

是年三月，為相清納婦，龔氏叔雨侍郎之女。十月，朱小唐婿生外孫。

同治十一年壬申（1872），六十五歲

二月，偕延煦承修東陵工程。

三月，偕崇厚赴通州，查估中西二倉工程。

五月，承修朝陽門、東便門、上下號房工程。

八月，升左都御史。

九月，大婚禮成，恭上兩宮徽號。恩加一級，請三代一品封典，堂弟家瑞來京引見。

十一月，回浙。

十二月十六，頒賜「福」字。充經筵講官，賞大小荷包。二十六，濟清患急症而亡。接家信云：「琛弟攜二子不知去向？」不勝懸念。

是年十月，曾孫憲官生，孫承弼所出，未彌月而殤。寄銀回江，接濟親族。

同治十二年癸酉（1873），六十六歲

二月朔，赴坤寧宮契肉，王公以下共三十餘人。初三，赴社稷壇開工。初七，隨扈赴東陵，上親政。恩加一級，恭上兩宮徽號，恩加一級，請本身封典。

三月，恭遇萬壽聖節，赴寧壽宮聽戲，賞如意荷包、綢緞、珍玩。

四月，接「琛弟回家」信。喜甚。十三，值日召見，詢年歲及見兄弟。二十五，疏陳「江西省地丁加徵銀兩」片陳漕折逾限加價。請飭江撫永遠裁革。二十九，值日召見，詢所奏事件。家玉逐層奏對。上頗嘉納，未及衙門公事、進署時刻云云。是月，盤查三庫。

五月，閱考試試差卷。

六月，庫選戶部漢堂主事，及易州州判等官。疏請疏通京員。

七月，力陳江西省加徵丁銀，及漕折改錢為銀，逾限加價，以抵陋規諸弊。得旨：「交部妥議」。會議照舊收錢，每兩酌加收二百文，得旨：「充行」。

八月初六，蒙恩派充順天副考官，正考官小汀協辦（全慶），副考官童薇硯侍郎、潘領寅侍郎（祖陵）。

九月十三，出闈，謝恩，考官同召見。

十月二十二，江西巡撫劉坤一訐奏：「本籍有未完錢」。及致書該撫等情。上諭：「令明白回奏」。奏上。得旨：「交部議」，並令劉坤一據實具奏。尋議降二級留任。

十二月十四，禮部檢舉順天考官處分，得旨「降二級調用」。二十二，劉坤一覆奏：「本籍有未完咸豐五年及十一年錢糧」，並自陳書信往來，非先行致函。得旨：「交部議」。尋議：丁漕未完，照抗糧不納例，減為降三級調用；致書地方官，照差人至外官任所例，革職。得旨：「加恩降五級調用」。二十八，盛京將軍都同阿奏：「福陵隆恩殿脊尊藏寶匣不見。」上諭令與皂保明白回奏，蓋已巳年同赴奉天修工者。本年六月，都興阿奏：「有滲漏，應令賠修。」即由都等開工，而寶匣不見。

同治十三年甲戌（1874），六十七歲

正月初三，偕皂保遞回奏。二十八，都興阿覆奏，寶匣不見，皂保等辦理草率。得旨，交部議，尋議「降二級留任，准其抵銷。」

二月，綏章侄選拔來京。

五月，曾孫女生。

七月，命伍氏媳、程氏媳率承弼等送濟清及曾媳柩南旋。

八月，湘林入邑庠。

十一月，太廟工程告竣。

十二月初五，穆宗毅皇帝龍馭上賓。次早始聞凶問，哀泣不能自己，旋成服，入臨，隔日一齊集。

是年九月，瑞弟在寧波釐局逝世。

十二月，接綏恩侄信知，八弟媳及綏馨侄先後病逝，家運不順至此，傷哉！

光緒元年乙亥（1875），六十八歲

正月初十，偕同鄉京官謝躏緩錢糧恩。二十五，孝哲毅皇后薨逝。是年特開恩榜，毓清、相清應順天鄉試，相清挑取謄錄。

九月二十三，接家信，湘林中式第二十名舉人。二十八，具摺謝恩。是月，為湘林納媳，許氏仙屏編修之女。朱小唐婿，典試粵東。

光緒二年丙子（1876），六十九歲

二月，湘林與小唐試槎，同日到京。湘林複試，二等。

四月，春闈揭曉，湘林中式第六十一名。具摺謝恩。複試二等第三名。感冒，未應廷試。

五月，毓清偕綏章侄南旋，鄉試。

六月，楊子美婿攜四女媳歸寧。

八月，小唐婿分校鄉闈，相清、子美均迴避。

九月二十五，接家信，孫承弼中式第二十一名舉人，具摺謝恩。是年，江鄉大水成災，寄銀，交毓清分給親族。

光緒三年丁丑（1877），七十歲

二月，毓清偕承弼來京，綏章侄亦來。寄銀回江，分送親族。

四月，湘林殿試二甲第六十一名，朝考一等第二十二名。

五月，引見，改庶吉士，具摺謝恩。

六月，為承弼捐內閣中書。楊子美婿蔭生引見，以知縣用。

八月，挈四女赴粵西藩署。

十一月，生辰，同鄉諸公，四川通家、癸西通家、丙子年侄，送壽屏。

十二月，朱外孫殤。

光緒四年戊寅（1878），七十一歲

正月，為孫承詔納婦，熊氏小慶太守之女。

三月，綏章教習滿引見，以知縣用。

八月，接族人信，大水成災。擬立救荒會，以制錢四千串行息，先措一年息，散給同族。

九月，曾孫喜官生，承弼所出。

十一月，曾孫桂官生，承詔所出。

是年五月，仙屏親家攜許氏媳來京。

光緒五年己卯（1879），七十二歲

大京兆延請主講金臺書院。

二月，啟館，命承弼送同族春賑。比冬賑減半，以四千串存典生息，充救荒會。

五月，毓清、相清回籍鄉試。將行之前一日，予見毓清面色赤，大陽筋浮動，疑有病，止其行。而毓清之意已決，悤悤而去。

八月十二，得承弼信，云：「毓清病甚重」。十七凶問至：「於七月二十五溘逝。」傷哉命也！

九月二十三，補通政司參議。前年有光祿少卿一缺，本年二月參議一缺，均係輪應引見者。同鄉諸公勸予引見，予以感冒卻之。此次乃題本開列者。

十一月，復勘各省生員歲科試前列卷。

十二月，會議伊犂事，宜條陳添設外洋水師提督。辭金臺講席，向萬兼尹言之。

光緒六年庚辰（1880），七十三歲

正月十二，同鄉緩徵錢糧，謝恩！召見於養心殿東書房。太后不垂簾，上寶座在簾前。未覲兩宮聖顏，已十五年矣。太后垂詢，第一句「汝還硬朗耶？」次詢江省年歲，及京城光景，約十數語。家玉所奏不下七八十語。

六月，復勘各省貢卷，條疏濬江西河道，片請飭河南徵收本色起運交倉。片請將罵賊不屈之生員熊琳兄弟議恤。

七月，因病，奏請開缺。蒙恩允准。

是年正月，孫承詒生，湘林所出。四月，湘林散館，一等第五名，引見授編修，具摺謝恩。九月，承弼南旋。

光緒七年辛巳（1881），七十四歲

正月，曾孫富官生，承詔所出。

三月十一，孝貞顯皇后昇遐，驟聞凶問，曷勝哀慟。

十一月，童薇硯兼尹延請主講金臺書院，卻之。

光緒八年壬午（1882），七十五歲

八月，為醻堃納婦，梅氏小岩河督之女。

十一月，曾孫惠官生，承詔所出。

十二月，長孫媳徐氏產難亡。

是年，江鄉大水。提救荒會息錢，分賑族人。小唐婿典試浙江。

光緒九年癸未（1883），七十六歲

二月，承弼來京會試。提救荒會息錢，分賑族人。

八月，料理南旋，適陸路阻水，漕船已回空，運河亦不好走，是以中止。

十月朔，接小岩親家信，知梅氏媳於九月十三在伊家病逝。

十一月，得珣弟信，委署寧波府經歷。是年八月，為湘林置妾，郭氏。

光緒十年甲申（1884），七十七歲

三月十五，晨起至書房，咯血數口，午刻更多。遂服藕節湯，並藕汁用淡菜燉，裏肌滋陰，不服藥物，五日而愈。

四月，為承弼續室，鄭氏候補令（由熙）之女。

閏五月初十，接浙信，珣弟病逝。

六月，承詔又舉一男。

八月，寄銀到浙交庭鸞姪，扶櫬回江。

十月，為醻堃續室，曹氏鄞溪侍御之女。

胡承弼等《胡小蓬通參自訂年譜》跋：

> 右先大父手訂年譜一卷，起嘉慶戊辰，止光緒甲申，蓋自是年病後，精神就衰，無復記載矣。伏念先大父起家上第，立朝三十餘年，自入翰林、改比部、擢卿貳，外執文枋，內贊樞機。每蒞一官，輒思稱職，事無鉅細，必加詳審，而敏悟獨異，靡紛不理。嘗感聖明知遇，矢效樸忠，又嫻於憲章，灼知時政利弊，性果毅敢言。如規復黃河故道，整頓綠營兵制，變通銓政，創設海防諸奏，皆得旨議行，而於江西浮收丁漕一事，疏凡三上，爭之尤力。嗣緣疆臣摭拾他端以為解，吏議鐫級，士論惜之，顧先大父升沉一致，未嘗介懷也。比歲雖優游林下，而時事多艱，忠愛之誠，款款寸抱，不孝

湘林備員詞館，不孝承弼幸廁內閣，先大父以病軀早退，未達國恩，恒勗以力圖報，稱毋涉盛滿。至於家庭之間，孝友敦篤，歲節廉俸贍族，而處已儉約，敝縷蔬食，無殊寒素，此又終身如一者矣。不孝等深懼不能負荷，又虞先德之泯，爰刊此編，謹志簡末，當代君子或有休焉。承重孫胡承弼，孤哀子湘林、相清、疇塈泣血謹述。

（光緒年間家刻本）〔註17〕

十九、《治洲胡氏湘林立祖墳告示》

胡啟鵬點校

欽加同知銜署理、新建縣正堂三級，紀綠三次高為。給示勒石嚴禁事。據家人王福稟稱竊家玉。花翎同銜浙江補用知縣胡相清、花翎頭品頂戴廣東布政使司胡湘林，於光緒三十一年（1906）所買新建縣洪崖鄉龍潭村官山東邊土，名獅子捧球陰地三契。前橫寬十丈零四尺、後橫寬四丈、左直長二十六丈六尺、右直長三十八丈三尺、均釘石立界。曾經投稅在案，於光緒三十二年（1907），營葬老家主賜進士及第、原任都察院左都御史胡家玉。只以該處聚嶺田畝，密邇村墟，此付豐草滋藩。既慮耕牛踐踏；他日喬松成蔭，尤虞樵採紛紜，懇請給示勒碑。俾安窀穸等情到縣，據此除批示外，合行給示勒石，嚴禁為此示。仰洪崖鄉附近居民人等、知悉爾等、須知該地係胡姓契買之業，安葬墳塋。所有界內，柴草樹木侵害即幹法究，自示之後各宜安分守法，不准在該山縱放牛隻踐踏，以及私行樵採攉挖土，倘敢故違，一經地主查出指名稟控，定即嚴拘到案，照例從重究辦，決不寬貸。其各凜遵毋違特示，實貼洪崖鄉。右諭通知。

光緒三十二年（1907）十一月初三日給示。〔註18〕

〔註17〕胡向萍、胡啟鵬主編《新建縣歷史名人》，江西高校出版社，2012年3月版，第555~581頁。

〔註18〕胡家玉在光緒十二年（1886）丙戌逝世，存棺。1907年安葬新建縣洪崖鄉（今南昌市經濟開發區郊橋鎮）龍潭村官山東邊土，該墓前有一對華表，墓碑前有一對石獅，周圍兩邊各有一對石牛，石馬，石象。解放後建八一無線電廠，墳墓被推平，由於當時歷史原因，沒有把墓遷移另外安葬。2006年6月6日，胡氏族人尋找，在昌北開發區范家村發現僅有一塊碑石。胡啟鵬謹識。

二十、皇清誥封奉直大夫、申甫府君墓誌銘

胡啟鵬點校

誥授中憲大夫、代理江寧布政司、前刑部河南司郎中，加三級，姻侄勒方錡頓首篆額。

賜進士出身、誥授朝議大夫、掌山東道監察御史、翰林院編修，加三級，姻世侄夏獻馨頓首書丹。

公，弟義慈泰山也，賦有正氣，少遭閔凶，行年三歲，生母見背，不數年而慈父旋亡，繼母熊殫顧復之劬勞，撫養以立，因教之數與方名。

公亦孝順，性成於母，言皆能記憶，及稍長受五經，聰明穎慧，有過尋常，鄉先生竊以大器期之，所可惜者，雖有伯叔，終鮮兄弟，零丁孤苦，家務多艱，不得已棄舉子業，效貨殖掄端木氏（端木遺風，指善於做生意），雜（指糴）賤（補糶）貴，終歲勤苦，且墓間負米歸家，供給母食，輒自喜，烏私得稍抒也。

中年家計頗豐，乃慷慨好施，兄弟、宗族間時殷推解。道光十一年辛卯，洪水為災，公盡出所藏，貨之鄰右，並不圖報，其他修堤、防備，積儲利賴之，在一方者不可盡述。

揣公之立心，一生為活人計，故青囊（即風水）之術，又其所長，每年寒暑災祲，其調陰陽，人事者十不先一，世稱三折肱（即名醫）焉。泛來積善者

有餘慶；作德者降百祥。

公之克家卜吉也，不愧河東至鳳。

公之繩武弗替也，已稱荀氏八龍，子繼孫承，一門篤祜，天之報施善人，豈惑爽耶！

公恒言，曰：貽子贏金不如教子一經。家延，名（補，師？）讀說禮樂，敦詩書，以故冢嗣（指嫡長子），聲蜚黌序（指古代的學校），名噪士林，次授州同，三入國學，諸孫輩年少，亦皆有成，其前程東未可量也。

公先捐授巡政廳，後以子鳴鳳，官州同加二級，誥封奉直太夫，享春秋六十有九，創垂巳（錯，換已？）備天壽有終。一旦端坐而瞑，真所謂：挹浮邱之袖，而拍供崖之肩矣。古人有云：「生而好英，沒而為靈，行之當時，推之後世，為子孫者，先人有善而不知不智，不可為也，知而不傳不仁，不可為也。」

自公去後，其少君必欲以公之德行勒諸金石，而屬予為之論撰，並亦不揣讃陋述其巔末，摩手稽首而銘。

銘曰：

君子陽陽、自有肺腸；如圭如璋、百夫之防。

狐裘黃黃、佩玉鏘鏘；將翱將翔、于此中鄉。

不顯其無、受福無疆；旂旐央央、黻衣繡裳。

人之云亡、我心憂傷；今聞令望、懷見不忘。

既景迺岡、蒹葭蒼蒼；有夷之行、終焉允藏。

繪祠烝嘗、或肆或將；自天降康、長發其祥。

賜進士及第、誥授通議大夫、大理寺卿、現任通政司副使、軍機行走、前貴州學政，湖南、四川大主考，翰林院編修、加三級，姻侄胡家玉頓首拜撰。〔註19〕

二十一、清實錄相關胡家玉資料

1. 道光二十一年。辛丑。五月。甲寅朔。引見新科進士。得旨、一甲三名龍啟瑞、龔寶蓮、胡家玉、業經授職外。何若瑤、張金鏞、徐棻、俞長贊、蔡念慈、高鴻飛、周宗濂、徐堉、曾廣淵、賈楨、陳洪猷、潘曾瑩、劉琨、趙昀、洪毓琛、汪堃、郭禮圖、李希彬、陳啟邁、孫耀先、陳慶松、田樹楨、高延綬、

〔註19〕根據碑石點校。

葛景萊、童以炘、孫鏘鳴、徐玉豐、朱錫珍、覃振甲、葛高鬻、梁紹獻、楊式谷、文瑞、張振金、蔡徵藩、李湘華、張桐、劉廷楡、章瓊、張晉祺、梁國瑚、郭鳳岡、張樾、胡焯、盧慶綸、蔣達、彭涵霖、吳鼎昌、陳壽圖、王鳳翔、馬品藻、張煒、張興仁、張衍重、沈大謨、宗室載齡、顏培瑚、青馨、李光彥、楊元白、姚光發、鍾世耀、張舒翰、宗宗錫齡、畢道遠、陳鑑、俱著改為翰林院庶吉士。賀霖若、何國琛、王大宗、盧定勳、吳祖昌、麒慶、劉齊衡、許兆培、甘晉、吳艾生、錢寶青、邊葆淳、寶珣、顧文彬、陳桂籍、陳象沛、廉昌、洗倬邦、劉兆璜、陳濬、李瑞章、宗室秀平、王錫振、張承諫、夔達、鄭於蕃、湯成彥、馬晉如、何紹瑾、毓祿、俱著分部學習。高本仁、沈壽嵩、侯雲登、俱著以內閣中書用。曹源、夏承煜、趙培之、邵秉中、王瑞慶、單懋德、楊裕仁、徐臺英、余錦淮、張宗世、鄧元資、丁璜、趙樾、袁廷燮、徐楊文保、劉齊衢、吳之觀、賈廷藩、郭廷肇、牛樹梅、劉芳雲、曹汝賡、吳榮楷、譚承禮、王維桓、謝廷榮、楊德懿、汪藻、鄭芳蘭、張埍、胡廷弼、尉光霞、李棻、王范、龔衡齡、萬兆霖、薩克持、鄭邦立、張自植、張炳堃、多仁、常山鳳、孫德耀、李仲祁、劉步亭、王銘鼎、張兆辰、張寶鎔、馬振文、齊德五、秦聚奎、葉逢春、徐良梅、楊安國、郭汝誠、姚錫華、趙林成、喻秉醇、朱汝鵬、吳調元、吳世春、馬映階、吳啟楠、聯凱、張建翎、陳鑑、陳秉信、安慶瀾、孫濂、寧憲、尚鳴岐、封顥民、張淳、余兆侖、盛昺、郭先本、卜葆紛、孫家鐸、謝方潤、鄭元善、田福謙、桂楸、張書璽、劉家達、彭鳴盛、朱元增、俱著交吏部掣簽。分發各省以知縣即用。戶部候補員外郎吳若準、兵部候補員外郎梁逢辰、禮部候補員外郎聯捷、著以員外郎即用。戶部候補主事王炳勳、著以主事即用。內閣候補中書葛良治、著以內閣中書即用。余著歸班銓選。

2. 道光二十七年。丁未。夏。四月。己酉朔。引見乙巳科散館及補行散館人員。得旨、此次散館之修撰蕭錦忠、編修金鶴清、吳福年、業經授職。二甲庶吉士劉書年、羅嘉福、胡焯、孫鼎臣、李聯琇、陳介祺、孟培楨、周壽昌、潘遵祁、徐元勳、胡瑞瀾、呼延栻、曹驥、張守岱、黃廷綬、黃經、貢璜、蔣志淳、何廷謙、楊翰、王榮第、左瑛、郭驥遠、呂序程、鍾啟峋、袁芳瑛、沈錫慶、皂保、沈炳垣、蕭玉銓、宜振、馮琛、李夢周、童福承、張正椿、何桂芬、俱著授為編修。三甲庶吉士包煒、徐嵩生、徐鼐、奎章、俱著授為檢討。陳立、閻敬銘、羅寶森、丁士元、徐德周、胡家玉、閻慰鵬、惲世臨、曹炳燮、姚光發、岳雲衢、俱著以部屬用。

二十二、胡家玉給皇帝及相關部門奏摺目錄，目前存國家檔案館

1. 奏為左都御史胡家玉所陳江西丁漕流弊諸多情形失實事，同治十二年九月初八日

2. 奏為查明貴州學政胡家玉考試無弊事，道光二十四年十二月十九日

3. 奏為密陳貴州學政胡家玉雲南學政吳存義考語事，道光二十五年十二月十二日

4. 奏為查明貴州學政胡家玉考試無弊事，道光二十五年十二月十九日

5. 奏為學政胡家玉差滿查明考試無弊並細核平日辦事操守事，道光二十六年十一月十一日

6. 奏為復陳胡家玉原奏江西加徵錢糧各款事，同治十二年十一月二十日

7. 奏為查明學政胡家玉所延幕友人數等事，道光二十四年二月二十七日

8. 奏為遵旨會議前貴州學政胡家玉等科場違例罰俸處分請，道光二十七年十一月十一日

9. 奏報到任接印日期事，道光二十三年十一月二十四日

10. 奏報交卸起程日期事，道光二十六年十一月初八日

11. 奏為委令胡家玉接署軍機章京事，道光二十九年五月二十日

12. 奏為赴黔沿途察看雨雪二麥情形事，道光二十三年十二月二十三日

13. 奏報科試全竣情形事，道光二十六年五月二十四日

14. 奏請胡家玉補軍機章京事，咸豐元年

15. 奏請胡家玉充補軍機章京事，咸豐七年閏五月十八日

16. 奏請員外郎胡家玉仍在軍機處額外行走事，咸豐七年五月二十九日

17. 奏為酌擬刑部員外郎胡家玉仍留軍機處額外行走事，咸豐十一年三月初八日

18. 奏為補授大理寺卿謝恩事，同治三年十二月十九日

19. 奏為查辦湖南巡撫惲世臨被參各款情形事，同治四年正月初十日

20. 奏為查訊前任湖南巡撫毛鴻賓被參行賄訥妾兩案情形事，同治四年正月二十六日

21. 奏為遵旨明白回奏回京道經湖北省城官文致送程儀銀兩事，同治五年九月初六日

22. 奏為續陳驛路梗阻改走水路湖廣總督官文致用程儀緣由事，同治五年九月十一日

23. 奏為遵議侍郎胡家玉接受湖廣總督程儀銀兩一案酌擬處，同治五年十二月初六日

24. 奏為時局艱難宜預籌挽救敬陳選拔人才等管見事，同治十年十二月初八日

25. 奏為廣西布政使康國器護理巡撫以來聲名更劣請改歸武，同治十年

26. 奏為特參告病藩司裕麟規避取巧請量予懲處事，同治十二年六月

27. 奏請將江西省額外加徵地丁銀兩永遠裁革事，同治十二年四月二十五日

28. 奏為縷陳前在常德查明惲世臨擅自加抽鹽釐情形事，同治四年四月初二日

29. 奏請將常德府加抽鹽釐局即行裁撤事，同治四年

30. 奏請勸捐統歸各省藩司經理事，同治十年十二月初八日

31. 奏為查勘鳳凰樓工程應用木植大小請飭盛京將軍採辦事，同治八年四月初三日

32. 呈鳳凰樓工程需用木植尺寸數目清單，同治八年四月初三日

33. 奏為福陵隆恩殿及賢王祠等工折卸後勘明續有情形事，同治八年四月十三日

34. 呈續修工程添換物料清單，同治八年四月十三日

35. 奏為正途人員日形擁擠請酌核保舉量予疏通儲人才而資，同治十二年六月二十五日

36. 奏為時局艱難宜預籌挽救敬陳先拔人才等管見事，同治十年十二月初八日

37. 奏為病難痊癒請開缺調理事，光緒六年七月初三日

38. 奏江西新建縣熊琳熊瑞兄弟以身替父不屈身亡請旨議恤事，光緒六年六月十七日

39. 奏請敕下河南巡撫今年各州縣漕糧概徵本色交倉事，光緒六年六月十七日

40. 奏為敬陳海防緊要請設外洋輪船水師事，光緒五年十二月初二日

41. 奏為密陳訓練京兵管見事，同治五年八月二十日

42. 奏為遵旨會議兵部左侍郎胡家玉奏請訓練京兵事，同治五年八月二十八日

43. 奏請濬黃河故道以利漕運事，同治七年十月十五日

44. 奏為請飭動用公款疏濬江西河道淤淺事，光緒六年六月十七日

45. 道光二十五年七月二十七日

46. 道光二十六年閏五月二十六日

47. 道光二十六年十二月十四日

48. 光緒五年十二月初二日

二十三、中國歷史第一檔案館藏胡家玉資料目錄

序號	檔號	官職 爵位 A	責任者 A	題名	原紀年	糾錯
1	03-2739-079	貴州學政	胡家玉	奏報到任接印日期事	道光二十三年十一月二十四日	［糾錯］
2	03-2763-045	貴州學政	胡家玉	奏報交卸起程日期事	道光二十六年十一月初八日	［糾錯］
3	03-3393-100	貴州學政	胡家玉	奏為赴黔沿途察看雨雪二麥情形事	道光二十三年十二月二十三日	［糾錯］
4	03-3679-015	貴州學政	胡家玉	奏報科試全竣情形事	道光二十六年五月二十四日	［糾錯］
5	03-4612-115	大理寺卿	胡家玉	奏為補授大理寺卿謝恩事	同治三年十二月十九日	［糾錯］
6	03-4613-055	大理寺卿	胡家玉	奏為查辦湖南巡撫惲世臨被參各款情形事	同治四年正月初十日	［糾錯］
7	03-4613-060	大理寺卿	胡家玉	奏為查訊前任湖南巡撫毛鴻賓被參行賄納妾兩案情形事	同治四年正月二十六日	［糾錯］
8	03-4625-023	兵部左侍郎	胡家玉	奏為遵旨明白回奏回京道經湖北省城官文致送程儀銀兩事	同治五年九月初六日	［糾錯］
9	03-4625-043	兵部左侍郎	胡家玉	奏為續陳驛路梗阻改走水路湖廣總督官文致用程儀緣由事	同治五年九月十一日	［糾錯］
10	03-4655-027	吏部左侍郎	胡家玉	奏為時局艱難宜預籌挽救敬陳先拔人才等管見事	同治十年十二月初八日	［糾錯］
11	03-4655-038	吏部左侍郎	胡家玉	奏為時局艱難宜預籌挽救敬陳選拔人才等管見事	同治十年十二月初八日	［糾錯］

12	03-4655-039	吏部左侍郎	胡家玉	奏為廣西布政使康國器護理巡撫以來聲名更劣請改歸武職等事	[同治十年]	[糾錯]
13	03-4665-136		胡家玉	奏為特參告病藩司裕麟規避取巧請量予懲處事	[同治十二年六月]	[糾錯]
14	04-01-01-0922-028	江西巡撫	劉坤一	奏為左都御史胡家玉所陳江西丁漕流弊諸多情形失實事	同治十二年九月初八日	[糾錯]
15	04-01-13-0270-026	貴州巡撫	賀長齡	奏為查明貴州學政胡家玉考試無弊事	道光二十四年十二月十九日	[糾錯]
16	04-01-13-0273-045	雲貴總督	賀長齡	奏為密陳貴州學政胡家玉雲南學政吳存義考語事	道光二十五年十二月十二日	[糾錯]
17	04-01-13-0273-046	貴州巡撫	喬用遷	奏為查明貴州學政胡家玉考試無弊事	道光二十五年十二月十九日	[糾錯]
18	04-01-13-0274-006	貴州巡撫	喬用遷	奏為學政胡家玉差滿查明考試無弊並細核平日辦事操守事	道光二十六年十一月十一日	[糾錯]
19	04-01-38-0157-018	貴州巡撫	賀長齡	奏為查明學政胡家玉所延幕友人數等事	道光二十四年二月二十七日	[糾錯]
20	04-01-38-0158-020	吏部尚書	恩桂	奏為遵旨會議前貴州學政胡家玉等科場違例罰俸處分請抵銷事	道光二十七年十一月十一日	[糾錯]
21	03-2780-123	軍機大臣	穆彰阿	奏為委令胡家玉接署軍機章京事	道光二十九年五月二十日	[糾錯]
22	03-4083-008			奏請以胡家玉補軍機章京事	[咸豐元年]	[糾錯]
23	03-4121-050	軍機大臣	彭蘊章	奏請以胡家玉充補軍機章京事	咸豐七年閏五月十八日	[糾錯]
24	03-4206-155		□□□	奏請員外郎胡家玉仍在軍機處額外行走事	咸豐七年五月二十九日	[糾錯]
25	03-4228-015	軍機大臣	穆蔭	奏為酌擬刑部員外郎胡家玉仍留軍機處額外行走事	咸豐十一年三月初八日	[糾錯]
26	03-4627-035	吏部尚書	文祥	奏為遵議侍郎胡家玉接受湖廣總督程儀銀兩一案酌擬處分事	同治五年十二月初六日	[糾錯]

27	03-4629-098	刑部左侍郎	鄭敦謹	奏為據實陳明湖廣總督官文致送胡家玉等路費銀兩自請議處事	同治六年二月初三日	［糾錯］
28	03-2780-123	軍機大臣	穆彰阿	奏為委令胡家玉接署軍機章京事	道光二十九年五月二十日	［糾錯］
29	03-4083-008			奏請以胡家玉補軍機章京事	［咸豐元年］	［糾錯］
30	03-4121-050	軍機大臣	彭蘊章	奏請以胡家玉充補軍機章京事	咸豐七年閏五月十八日	［糾錯］
31	03-4206-155		□□□	奏請員外郎胡家玉仍在軍機處額外行走事	咸豐七年五月二十九日	［糾錯］
32	03-4228-015	軍機大臣	穆蔭	奏為酌擬刑部員外郎胡家玉仍留軍機處額外行走事	咸豐十一年三月初八日	［糾錯］
33	03-4627-035	吏部尚書	文祥	奏為遵議侍郎胡家玉接受湖廣總督程儀銀兩一案酌擬處分事	同治五年十二月初六日	［糾錯］
34	03-4629-098	刑部左侍郎	鄭敦謹	奏為據實陳明湖廣總督官文致送胡家玉等路費銀兩自請議處事	同治六年二月初三日	［糾錯］

二十四、臺北國立故宮博物館藏胡家玉資料目錄

序號	文獻編號	具奏人	官職	具奏日期	事由	硃批	硃批日期
1	074917	胡家玉（基本資料）	貴州學政	道光 25 年 06 月 22 日	奏報臣歲試前後情形	知道了	道光 25 年 07 月 27 日
2	074918	胡家玉（基本資料）		道光	奏報臣歲試沿途所見地方情形（摺片）	覽	道光 25 年 07 月 27 日
3	094277	胡家玉（基本資料）	鴻臚寺少卿	同治 03 年 02 月 06 日	奏為河流北徙請動官項以築官隄順水性而弭水患事		同治
4	094278	胡家玉（基本資料）		同治	奏報豫籌河運漕糧情形（摺片）		同治

5	099916	胡家玉（基本資料）	太常寺卿掌山西道御史	同治03年09月20日	奏報自川啟程日期	知道了	同治03年10月17日
6	099917	家玉等（基本資料）		同治	奏報啟程沿途雨水田禾情形	知道了	同治03年10月17日
7	099918	胡家玉（基本資料）	新授太常寺卿	同治03年09月20日	奏謝補授太常寺鄉等恩事	知道了	同治03年10月17日
8	103601	胡家玉（基本資料）	兵部侍郎	同治09年10月20日	奏為東南軍務已定各省錢糧請照例徵收以紓民困		同治09年10月20日
9	110934	胡家玉（基本資料）	都察院左都御史	同治12年07月29日	奏陳江西省違例加徵之弊請飭部詳悉覈議存		同治12年07月29日
10	112084	劉坤一（基本資料）	江西巡撫革職留任	同治12年09月08日	奏為瀝陳左都御史胡家玉奏江西丁漕弊端諸多失實等由		同治12年10月19日
11	112116	胡家玉（基本資料）	都察院左都御史	同治12年10月22日	奏為遵旨就江西撫臣劉坤一所陳各節明白回奏事		同治
12	112443	胡家玉（基本資料）	都察院左都御史	同治12年11月12日	奏報訓問河南民人溫森林控案情形（附呈詞）		同治12年11月12日
13	113551	寶鋆等（基本資料）	吏部尚書	同治13年01月17日	奏為遵議胡家玉處分由		同治13年01月17日
14	405007776	胡家玉（基本資料）	貴州學政	道光25年06月22日	奏陳歲試己周接辦科試事宜（附件：奏報沿途所見地方情形片）	知道了	

| 15 | 405009653 | 胡家玉（基本資料） | 貴州學政 | 道光 26 年11 月 08 日 | 奏為恭報微臣交卸起程日期事 | 知道了 | |
| 16 | 406016062 | | | 咸豐 | 漢員外郎胡家玉等四員履歷繕寫清單恭呈 | | |

二十五、臺北國立故宮博物館藏

姓名	（清）胡家玉	
中歷生卒	嘉慶 13 年～光緒 12 年	
西歷生卒	1808～1886	
異名	異名	出處
	（號）夢與老人	國立故宮博物院圖書文獻處清國史館傳包，702002422-1 號
	（初名）胡鈺	國立故宮博物院圖書文獻處清國史館傳包，702002422-1 號
	（字）小蓮	清季職官表附人物錄，867
	（漢語拼音）Hu Jia yu	
籍貫	江西省—新建縣（今名：江西省南昌市（115.9，28.6）	
傳略	引文	出處
	年譜　夢與老人手訂嘉慶十三年……	國立故宮博物院圖書文獻處清國史館傳包，702002422-1 號
	張筠初輯胡家玉　列傳胡家玉　江西……	國立故宮博物院圖書文獻處清國史館傳包，702002634-7 號
	胡家玉　列傳胡家玉　江西……	國立故宮博物院圖書文獻處清國史館傳包，702002634-6 號
	胡家玉　列傳胡家玉　江西……	國立故宮博物院圖書文獻處清國史館傳包，702002634-2 號
	胡家玉　列傳胡家玉　江西……	國立故宮博物院圖書文獻處清國史館傳包，702002634-1 號
	張筠纂輯胡家玉　列傳胡家玉　江西……	國立故宮博物院圖書文獻處清國史館傳包，702001340 號

	卷一百十一光緒朝左都御史 胡家玉　列傳 胡家玉　江西……		國立故宮博物院圖書文獻處清國史 館傳包，702003804 號
	清國史大臣畫一列傳後編卷一一一 胡家玉　列傳 胡家玉　江西……		清國史，10 冊，765-767
	清史列傳大臣畫一傳檔後編九 胡家玉 胡家玉　江西……		清史列傳，53 卷 7 冊，26-29
	臣工 同治　胡家玉　列傳 胡家玉　江西……		國立故宮博物院圖書文獻處清國史 館傳稿，701007408 號
	同治　胡家玉　列傳 胡家玉　江西……		國立故宮博物院圖書文獻處清國史 館傳稿，701005919 號
	同治　胡家玉　列傳 胡家玉　江西……		國立故宮博物院圖書文獻處清國史 館傳稿，701007284 號
出身	道光 3 年童生試， 道光 3 年～道光 10 年； 道光 12 年讀書西昌書院； 道光 6 年縣試三十名外，府試第 9 名入邑庠； 道光 7 年廩生； 道光 15 年舉人； 道光 21 年進士（中式第 191 名，覆試二等，殿試一甲第三名探花）		
履歷	職銜	任期	出處
	咸安宮教習	道光 21 年	國立故宮博物院圖書文獻處清國 史館傳包，702002422-1 號
	翰林院編修	道光 21 年～道光 27 年	國立故宮博物院圖書文獻處清國 史館傳包，702002634-3 號
	貴州學政	道光 23 年～道光 27 年	國立故宮博物院圖書文獻處清國 史館傳包，702002634-3 號
	刑部四川司 部屬	道光 27 年～道光 29 年	國立故宮博物院圖書文獻處清國 史館傳包，702002422-1 號
	軍機章京	道光 28 年～咸豐 [2] 年；咸豐 7 年；咸豐 11 年～同治 4 年；同治 4 年～同治 [5] 年	國立故宮博物院圖書文獻處清國 史館傳包，702002634-3 號

方略館協修	道光 28 年～咸豐［2］年	國立故宮博物院圖書文獻處清國史館傳包，702002422-1 號
刑部四川司主事	咸豐 2 年～咸豐 3 年	國立故宮博物院圖書文獻處清國史館傳包，702002634-3 號
［刑部］廣西司員外郎	咸豐 11 年	國立故宮博物院圖書文獻處清國史館傳包，702002634-3 號
湖南鄉試副考官［後該科停考］	咸豐 11 年	國立故宮博物院圖書文獻處清國史館傳包，702002422-1 號
順天鄉試同考官	咸豐 11 年	國立故宮博物院圖書文獻處清國史館傳包，702002634-3 號
［刑部］江蘇司郎中	咸豐 11 年～同治 2 年	國立故宮博物院圖書文獻處清國史館傳包，702002634-3 號
方略館纂修	咸豐 11 年～同治［2］年	國立故宮博物院圖書文獻處清國史館傳包，702002634-3 號
方略館漢提調纂修官	同治 1 年～同治［2］年	國立故宮博物院圖書文獻處清國史館傳包，702002634-3 號
四品銜	同治 2 年	國立故宮博物院圖書文獻處清國史館傳包，702002634-3 號
鴻臚寺少卿	同治 2 年～同治 3 年	國立故宮博物院圖書文獻處清國史館傳包，702002634-3 號
通政司副使	同治 3 年	國立故宮博物院圖書文獻處清國史館傳包，702002634-3 號
光祿寺卿	同治 3 年	國立故宮博物院圖書文獻處清國史館傳包，702002634-3 號
四川鄉試正考官	同治 3 年	國立故宮博物院圖書文獻處清國史館傳包，702002634-3 號
太常寺卿	同治 3 年	國立故宮博物院圖書文獻處清國史館傳包，702002634-3 號
大理寺卿	同治 3 年～同治 5 年	國立故宮博物院圖書文獻處清國史館傳包，702002634-3 號
左副都御史	同治 5 年	國立故宮博物院圖書文獻處清國史館傳包，702002634-3 號
軍機大臣上學習行走	同治 5 年	國立故宮博物院圖書文獻處清國史館傳包，702002634-3 號

兵部左侍郎	同治 5 年～同治 10 年	國立故宮博物院圖書文獻處清國史館傳包，702002634-3 號
管理五城練勇局務	同治 6 年	國立故宮博物院圖書文獻處清國史館傳包，702002634-3 號
刑部左侍郎（署）	同治 6 年	國立故宮博物院圖書文獻處清國史館傳包，702002634-3 號
派管馬館	同治 7 年～	國立故宮博物院圖書文獻處清國史館傳包，702002422-1 號
盤查三庫	同治 9 年；同治 12 年	國立故宮博物院圖書文獻處清國史館傳包，702002422-1 號
順天鄉試稽查接談換卷	同治 9 年	國立故宮博物院圖書文獻處清國史館傳包，702002422-1 號
吏部右侍郎（署）	同治 9 年	國立故宮博物院圖書文獻處清國史館傳包，702002634-3 號
覆勘各省鄉試卷	同治 9 年	國立故宮博物院圖書文獻處清國史館傳包，702002422-1 號
閱順天舉人覆試卷	同治 9 年	國立故宮博物院圖書文獻處清國史館傳包，702002422-1 號
閱補行覆試人卷	同治 10 年	國立故宮博物院圖書文獻處清國史館傳包，702002422-1 號
閱二次補行覆試舉人卷	同治 10 年	國立故宮博物院圖書文獻處清國史館傳包，702002422-1 號
會試稽查接談換卷	同治 10 年	國立故宮博物院圖書文獻處清國史館傳包，702002422-1 號
覆勘會試硃墨卷	同治 10 年	國立故宮博物院圖書文獻處清國史館傳包，702002422-1 號
吏部左侍郎	同治 10 年～同治 11 年	國立故宮博物院圖書文獻處清國史館傳包，702002634-3 好
覆核朝審冊	同治 10 年	國立故宮博物院圖書文獻處清國史館傳包，702002422-1 號
兵部右侍郎（署）	同治 10 年	國立故宮博物院圖書文獻處清國史館傳包，702002634-3 號
承修太廟工程	同治 10 年	國立故宮博物院圖書文獻處清國史館傳包，702002422-1 號

稽查京通十七倉	同治 10 年	國立故宮博物院圖書文獻處清國史館傳包，702002422-1 號
左都御史	同治 11 年～同治 12 年	國立故宮博物院圖書文獻處清國史館傳包，702002634-3 號
經筵講官	同治 11 年	國立故宮博物院圖書文獻處清國史館傳包，702002634-3 號
閱考試試差卷	同治 12 年	國立故宮博物院圖書文獻處清國史館傳包，702002422-1 號
順天鄉試副考官	同治 12 年	國立故宮博物院圖書文獻處清國史館傳包，702002422-1 號
通政司參議	光緒 5 年～光緒 6 年	國立故宮博物院圖書文獻處清國史館傳包，702002634-3 號
覆勘各省生員歲科試前列卷	光緒 5 年	國立故宮博物院圖書文獻處清國史館傳包，702002422-1 號
覆勘各省優貢卷	光緒 6 年	國立故宮博物院圖書文獻處清國史館傳包，702002422-1 號
江西豫章書院主講	咸豐 4 年～咸豐 5 年	國立故宮博物院圖書文獻處清國史館傳包，702002422-1 號
辦理江西紳團局務	咸豐 4 年～咸豐 5 年	國立故宮博物院圖書文獻處清國史館傳包，702002422-1 號
江西經訓書院西昌書院主講	咸豐 9 年～咸豐 5 年	國立故宮博物院圖書文獻處清國史館傳包，702002422-1 號
金臺書院主講	光緒 5 年	國立故宮博物院圖書文獻處清國史館傳包，702002422-1 號

關連	胡元瑛（少碧，族叔）； 胡家琛（弟）；胡家珣（弟）；胡家瑛（弟）；胡家琦（弟）； 胡恩綬（弟）； 胡家瑞（堂弟）；胡家壁（堂弟）；胡義慈（堂弟）；胡家相（堂弟）； 胡濟清（長子）；胡庭楨（次子）；胡翰清（三子）；胡庭鶴（四子）；胡毓清（五子）；胡相清（六子）；胡湘林（七子）；胡疇堃（十子）； 胡綏章（姪）；胡綏恩（姪）；胡綏馨（姪）；胡庭鸞（姪）；胡巽（姪）；

胡坤（姪）；胡庭凰（姪）；胡庭鳶（姪）；胡庭鶖（姪）；胡庭鵬（姪）；
胡庭雁（姪）；胡庭鶼（姪）；

胡承弼（孫）；胡承詔（孫）；胡承詥（孫）；胡綱（孫）；胡承諫（孫）；

胡憲官（曾孫）；胡喜官（曾孫）；胡桂官（曾孫）；胡富官（曾孫）；胡惠
官（曾孫）；胡先騏（曾孫）；胡先驥（曾孫）；胡先馴（曾孫）；胡先駉
（曾孫）；胡先驤（曾孫）；胡先駿（曾孫）；

程霽亭（長輩）；黃莘農（長輩）；

劉茂潤（外祖父）；

陳廷楷（岳父）；

伍錦鄉（姻丈）；夏蔚然（姻丈）；

文星岩（世叔）；

曾賓谷（親家）；曾笙巢（親家）；朱景唐（親家）；

劉鑒泉（雲貴總督，親家）；楊重雅（慶伯，同年，親家）；徐小雲（親
家）；許柱臣（親家）；龔叔雨（親家）；

許仙屏（親家）；熊小岩（親家）；梅小岩（河督，親家）；

鄭由熙（親家）；曹薇溪（親家）；

許曾緒（婿）；楊德成（子美，女婿）；朱琛（小唐，婿）；

胡兼之（堂叔，師）；張斗墟（姑丈，師）；

胡成之（堂伯，師）；福申（禹門，庠師）；

鄭瑞玉（朗如，宗師）；許乃普（滇生，宗師）；

姚元之（伯昂，秋闈座師）；王治（平軒，秋闈座師）；

程燦（酉山；秋闈房師）；

周開麒（道光 16 年會試薦卷）；

卓秉恬（海帆，道光 18 年咸安宮教習閱卷）；

恩桂（小山，道光 18 年咸安宮教習閱卷）；

李振祜（錫民，道光 18 年咸安宮教習閱卷）；

胡林翼（詠芝，道光 20 年會試薦卷）；

龔守正（季思，道光 21 年讀卷師）；

德誠（默菴，道光 21 年讀卷師）；

李煌（侑堂，道光 21 年讀卷師）；

慧成（秋谷，道光 21 年讀卷師）；

李品芳（春皋，道光 21 年讀卷師）；

穆彰阿（鶴舫，道光 21 年大教習師）；

張芾（小浦，道光 21 年小教習師）；

王鼎（定九，道光 21 年會試師）；

祁寯藻（春圃，道光 21 年會試師）；

杜受田（芝農，道光 21 年會試師）；

文蔚（鷺軒，道光 21 年會試師）；

張雲藻（邁菴，道光 21 年會試房師）；

和蘭莊（道光 21 年會試撥房）；

鄒鄒林（聯課）；徐亭梅（聯課）；

龍啟瑞（翰臣，同年）；龔寶蓮（靜軒，同年）；吳艾生（同年）；

陳月湖（同年）；汪時傑（楳岑，同年）；

張小滄（同年）；喻味松（同年）；

譚嶸（同鄉同學）；杜湘（同鄉同學）；

勒方錡（少仲，同鄉同學）；曹聯城（同鄉同學）；

程矞采（晴峰，友）；程桼采（憩棠，友）；胡復初（友）；

曾作舟（友）；熊松之（友）；蔡榮蓮（友）；曹寶三（友）；

王柳坪（友）；王佩蘭（友）；陶春元（杏林，友）；

喻秉醇（友）；杜霖（雨三，友）；萬簾軒（友）。